전통주로 빚은 인문학

전통주로 빚은 인문학

초판 1쇄 발행 | 2025년 9월 10일

지은이 | 박운석
발행인 | 신중현
책임편집 | 양성애
책임교정 | 박선아
마케팅 | 신호철

펴낸곳 | 도서출판 학이사
출판등록 | 제25100-2005-28호

대구광역시 달서구 문화회관11안길 22-1(장동)
전화_(053) 554-3431, 3432 팩시밀리_(053) 554-3433
홈페이지_http://www.학이사.kr
이메일_hes3431@naver.com

ⓒ 2025, 박운석
이 책은 저작권법에 따라 보호받는 저작물이므로 무단복제를 금합니다.
내용의 전부 또는 일부를 이용하려면 반드시 저작권자와 학이사의 서면 동의를 받아야 합니다.

ISBN_979-11-5854-584-0 03380

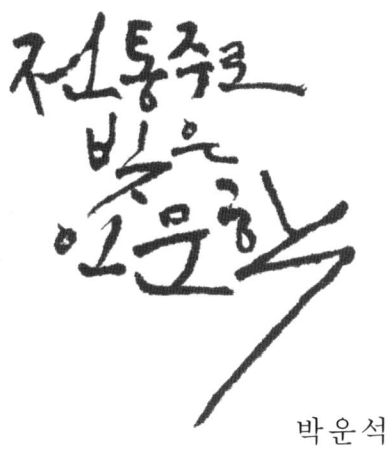

박운석

學而思 학이사

머
리
말

전통주가 지닌 인문학적 가치

한국 사람이라면 술과 완전히 인연을 끊고 지내기는 쉽지 않다. 술을 좋아하든, 아예 마시지 못하든 상관없다. 그만큼 술은 일상 속 깊숙이 스며들어 있다. 불과 몇 년 전까지만 해도 사람들이 주로 마시던 술은 희석식 소주, 맥주, 대형 상업 양조장에서 만든 막걸리 정도였다. 회식 자리에서는 소맥(소주+맥주)을 마시는 게 당연했고, 다음 날은 속이 쓰려 하루 종일 고생하기 일쑤였다.

세월에 따라 술 문화도 많이 바뀌었다. 마시는 술의 종류가 다양해졌고, 회식 자리에서도 각자 원하는 술을 고르는 분위기다. 혼술이나 홈술을 즐기는 사람들도 이제는 소주나 맥주 외에 위스키, 증류식 소주 등으로 선택지를 넓혀 가고 있다. 젊은 세대를 중심으로 술 트렌드도 빠르게 바뀐다. 수제 맥주 열풍이 지나간 뒤엔 하이볼이 유행했고, 최근에는 위스키를 한두 잔 즐기는 이들도 흔해졌다.

    우리 전통주가 차츰 존재감을 드러내고 있다. 특히 20대 후반에서 30대 중반의 젊은 층이 전통주에 관심을 갖기 시작했고, 아예 직접 배우고 양조장을 열어 자신들의 취향에 맞춘 전통주를 개발하기도 한다. 이러한 흐름은 전통주 발전에도 긍정적인 역할을 하고 있다. 그동안 고문헌을 통해 전해지는 다양한 전통주를 직접 빚어보고, 전통주 교육을 하면서 우리 술의 깊은 맛과 멋을 체감해 왔다. 그런 과정을 정리하고 싶다는 생각을 오래 해 왔다.

    책에서는 우리 전통주의 맛과 멋을 알리는 데 많은 부분을 할애했다. 이미 잘 알려진 매력 외에도 그동안 주목받지 못했던 전통주가 지닌 인문학적 가치를 발굴하고 알리는 데 중점을 두었다. 우리 전통주가 같은 발효주인 와인이나 맥주와 비교해 더 뛰어난 술임을 실제 사례를 통해 알려준다. 술을 만드는 방식이나 완성된 술의 맛과 향을 보아도 그 우수성을 충분히 느낄 수 있다.

    누구나 쉽게, 흥미롭게 읽을 수 있도록 구성했다. 술 제조법이나 고문헌을 단순히 해석하거나 나열한 것이 아니라, 문헌 속 내용을 현대적인 감각으로 재구성했다. 우선 우리 전통주가 어떤 술인지부터 살펴봤다. 전통주는 여성 중심의 술이다. 『음식디미방』처럼 순 한글로 쓰인 필사본들은 대개 딸이나 며느리에게 음식과 술 빚는 법을 전하려는 여성들의 손에서 만들어졌다. 왜 전통주는 단맛이 강한지, 여성들이 술을 빚으면서 단맛을 추구했던 이유도 함께 다뤘다.

전통주 빚기는 전통이라는 이름에 가려 있지만, 사실 철저한 과학이다. 조상들은 과학적 원리를 몰랐지만 수백 년 동안의 경험으로 술을 빚었다. 전통주는 대부분 겨울에 빚지만 부의주는 더운 여름에 빚는 이유, 술을 빚을 때 밀가루를 넣는 이유, 쌀을 다양한 방식으로 가공해 밑술을 만드는 이유 등도 과학적으로 설명했다.

또 술 문화에서 선비 문화를 빼놓고는 이야기할 수 없다. 조선 시대 선비들은 어떤 방식으로 술을 즐겼고, 어떤 풍류를 추구했는지와 그들의 술 문화가 반주와 약주의 문화였으며 손님을 대접하는 나눔의 문화였다는 점도 함께 다뤘다. 무엇보다 가양주 문화를 되살리는 일은 곧 잊힌 문화를 되살리는 일이라는 인식 아래, 전통주를 제대로 알리는 데 집중했다.

이것이 이 책의 핵심 주제다. 최근 세계적으로 K-푸드가 큰 인기를 얻고 있다. K-푸드 발전을 위해선 K-술과의 결합이 필요하다. 일본의 스시가 세계적으로 자리 잡은 것도 사케와 함께였다는 점을 떠올려야 한다. 이 책을 통해 우리 전통주가 K-푸드와 함께 세계에 알려질 수 있는 계기가 되기를 바란다.

몇 년 동안 우리 전통주에 관한 글을 써왔던 경험이 이 책을 쓰게 된 결정적 계기가 되었다. 그 과정에서 흩어져 있던 단편적 지식을 체계적으로 정리할 수 있었고, 나를 더 깊이 공부하는 계기가 되었다. 언젠가는 꼭 한 권의 책으로 엮어야겠다는 마음을 가지고 있었고, 이렇게 마무리하게 되었다.

2025년 9월

박운석

차
례

1부
선조들의 술 문화

참다운 술맛이란 입술을 적시는 데 있다 … 14
취흥醉興은 시흥詩興, 술자리에서 풍류를 배운다 … 18
술잔이 주는 가르침 … 22
술로 즐기는 선비들의 한여름 풍류 … 26
우리 전통주는 여성이 중심이다 … 30
옛 문헌에서 본 음주금기飮酒禁忌 … 34
철학적이고 문학적인 우리 술 이름 … 38
혼술은 반주 문화이자 약주 문화였다 … 44
잊힌 문화를 살리는 일, 가양주 복원 … 47
세시풍속 따라 연말연시에 마시는 술들 … 51
녹두는 왕이 마시던 술의 비방秘方이었다 … 54
다양한 과일 향과 꽃 향이 전통주의 매력 … 58
금주령의 두 얼굴, 약차로 위장한 술 … 62

2부
이야기의 보고, 전통주

전통주는 무궁무진한 이야기의 보고寶庫이다 … 68
고문헌 속 우리 술 이야기 … 72
재미있는 이야기 가득한 전통주 … 76
음식디미방의 술 이야기 … 80
술 빚기는 철저한 과학이다 … 84
고조리서에 왜 술 빚는 법을 실었을까 … 88
좋은 술은 좋은 물에서 나온다 … 92
나에게 딱 맞는 술 빚는 방법은? … 96
과유불급, 부재료를 넣은 술 빚기 … 100
약재를 넣은 술 빚기는 동전의 양면 … 104
여러 가지 쌀 가공법이 다양한 맛의 비결이다 … 108
전통주의 적정음주량은 어느 정도였을까 … 112

3부
고문헌 속 전통주 이야기

술일까 음료일까, 추위 녹이는 모주 … 118
새해 첫날 아이부터 마시는 술, 도소주 … 122
가을에 마시는 술, 신도주와 국화주 … 126
조선 시대 임금도 걱정했던 술, 삼해주 … 130
욕심을 내면 망치는 술, 애주艾酒 … 134
숨겨 두고 혼자 마시는 술, 동정춘 … 138
역사적으로 가장 사랑받아 온 술, 송순주 … 142
감칠맛에 탄탄한 스토리, 이화주 … 148
포트와인보다 못할 이유가 없는 과하주 … 152
탁주와 청주, 약주, 그리고 막걸리 … 156
단양주는 왜 여름에 빚어 마셨을까? … 161
부의주를 더운 여름에 빚는 이유 … 164
저온 발효와 산장법으로 완성한 청명주 … 168

4부
전통주의 오늘과 내일

블렌딩의 역사, 한국 전통주가 더 빨랐다 … 174
막걸리가 싸구려라고요? … 178
좋은 막걸리는 내게 맞는 막걸리다 … 182
외국인 막걸리 체험, 함부로 하면 안 되는 이유 … 186
따뜻하게 데워 마시는 우리 술도 있다 … 190
차례상, 제사상에 어떤 술을 올리나요? … 194
포도주도 500년 역사의 한국 전통주다 … 197
토종쌀로 빚은 전통주에 대한 기대 … 201
막걸리를 활용한 제품 … 205

1부

선조들의 술 문화

참다운 술맛이란
입술을 적시는 데 있다

    술은 예로부터 백약지장百藥之長이라 하여 백 가지 약 가운데 으뜸으로 여겼고, 동시에 백독지장百毒之長이라 하여 모든 독 중에서도 가장 강한 것으로 여겼다. 곧, 술이 적절하면 약이 되지만 지나치면 독이 된다는 의미다. 기쁘거나 슬플 때 가까운 이들과 함께 술을 나누는 것은 우리 고유의 오래된 문화다. 이상희는 『술: 한국의 술문화』에서 "한 고을의 정치는 술맛으로 알고, 한 집안의 일은 장맛으로 안다. 술은 그 나라의 정치 수준을 가늠할 수 있는 중요한 문화적 척도다."라고 했다.

    술은 곧 문화다. 술 자체뿐 아니라 술을 마시는 방식까지도 하나의 문화인 셈이다. 술 한 잔만으로도 그 나라의 정치 수준을 엿볼 수 있다는 말이 괜히 나온 것이 아니다. 옛 선비들이 즐기던 풍류風流도 그 시대를 반영한 문화였다. 그들은 단순히 취하기 위해서 술을 마시지 않았다. 풍류란 멋과 운치를 즐기는 일 또는 그런 행위를 말한다. 속되지 않으며 인문학적·예술적 소양을 갖추어야 진정한 풍류라 할 수 있다. 당대 선비들의 술 문화는 음악, 그림, 시와 같은 문화를 창조하는 모태가 되기도 했다.

삼짇날(음력 3월 3일), 동쪽으로 흐르는 물인 동류수東流水에 몸을 씻어 부정과 액운을 없애고 술을 마시며 노는 계음禊飮이 대표적이다. 계음은 시냇가에 술잔을 띄워 보내고, 술잔이 자기 앞에 도달할 때까지 시를 짓는 풍속이었다. 또한 유상곡수연流觴曲水宴이라는 풍습도 있었다. 굽이진 물길을 만들어 술잔을 띄우고, 술잔이 자기 앞에 돌아오기 전까지 시를 지어 읊는 것이다. 시를 짓지 못하면 벌로 석 잔의 술을 더 마셔야 했다.

경주의 포석정은 곡수연이 자주 열리던 대표적인 장소다. 전남 강진의 백운동 원림에도 그 흔적이 남아 있다. 다산 정약용은 1812년 백운동에 들러 하루를 묵은 뒤 그 풍경을 시와 그림으로 담아 『백운첩白雲帖』을 남겼다. 백운동 12경이 담겨 있다. 그중 제5경이 「유상곡수」이다.

담장을 뚫고 여섯 굽이 흐르는 물이
고개 돌려 담장 밖을 다시 나간다
어쩌다 온 두세 분 손님이 있어
편히 앉아 함께 술잔을 띄우네

지금도 전주한옥마을에서는 매년 유상곡수연을 재현하고 있다. 심지어 선비들이 술자리에 벗을 초대하는 글조차 풍류로 가득했다. 『홍길동전』의 저자 조선 중기 문신 허균(1569~1618)이 벗 이재영에게 보낸 술자리 초대장이다.

두서너 친구들과 소매를 걷고 맨발로 서안書案에 기대어 하얀 연꽃을 보며 참외를 쪼개 먹으면서 번뇌를 씻어볼까 하네. 이런 때에 우리 여인汝仁(이재영)이 없어서는 안 될 걸세. 자네 집의 늙은 암사자가 으르렁대며 자네의 얼굴을 고양이 상판으로 만들겠지만, 늙었다고 두려워 위축된 꼴을 보이지는 말게나. 이러한 모임인들 어찌 자주 있겠는가. 흩어진 뒤에는 후회해도 돌이킬 수 없을 것이네.

풍류를 즐기던 선비들은 술자리에서도 예절을 엄격히 지

컸다. 정약용이 둘째 아들에게 보낸 편지에서도 그러한 정신을 엿볼 수 있다.

> 참다운 술맛이란 입술을 적시는 데 있는 것이다. 저 소가 물을 마시듯 하는 자들은 술이 입술이나 혀를 적실 틈도 없이 곧장 목구멍으로 넘기니 무슨 맛을 알겠는가. 술의 정취는 살짝 취하는 데 있다. 얼굴이 붉게 달아올라 더러운 것을 토하고 잠에 곯아떨어지는 자들에게 무슨 정취가 있겠는가.

조선 후기 문신 이덕무는 선비가 지켜야 할 작은 예절을 다룬 『사소절士小節』에서 "훌륭한 사람은 술에 취하면 착한 마음을 드러내고, 조급한 사람은 술에 취하면 사나운 기운을 나타낸다."고 하였다. 술자리는 단지 술을 즐기는 자리가 아니라, 사람과 이야기를 즐기는 자리이기도 하다.

취흥醉興은 시흥詩興,
술자리에서 풍류를 배운다

술은 그 나라의 정치 수준까지 가늠해 볼 수 있는 중요한 문화적 척도라 했다. 옛 선조들의 술 문화는 어땠을까. 선조들은 술을 마시는 데도 불문율을 지켜 왔다. 일종의 주도라고도 할 수 있는 풍류風流였다. 풍류는 멋스럽고 풍치 있게 노는 일이다. 하지만 단지 잘 노는 것만 의미하지는 않는다. 인문과 예술적 소양까지 갖추어야 풍류라고 할 수 있다. 당시엔 풍류가 생활의 주요 영역이었다. 자연 속에서 술을 마시며 시詩, 서書, 금琴을 즐겼다. 이때는 당연히 선비들의 술 문화가 음악과 그림이라는 문화를 생산하는 모태가 되었다.

가장 흔히 볼 수 있는 풍류는 명절이나 세시풍속에 마시는 술이었다. 대표적으로 삼짇날에 마시는 계음, 청명清明에 마시는 청명주清明酒가 있다. 또 단오에 여인들은 그네를 타고 창포비녀로 단장을 했지만, 남성들은 창포주를 마셨다. 그런 풍류를 따라 해 보려고 창포주를 빚고 연엽주를 빚는다. 창포주는 단오에 남자들이 마시는 술인데 다양한 고문헌에 등장한다. 단오는 1년 중 양기가 가장 왕성한 날로 초여름에 지내는 큰 명절이다. 창포 삶은 물에 머리 감기, 비녀 꽂기 등의 풍속과 함께 그네뛰기, 씨름, 활쏘기 등 민속놀이도 함께 전해 내려오고 있다.

『동의보감』에도 등장하는 창포주는 창포 뿌리를 찧어 만든 즙을 넣어 발효시킨다. 음력 6월 15일 유두절에는 죽엽주를 마셨다. 찹쌀로 빚어 술빛이 푸른 대나무 잎 같아 죽엽주라고 하는데, 임금이 신하에게 하사한 궁중술로 고급주였다. 고문헌 속 선비들의 술에 대한 인식은 시詩에서 잘 나타난다. 취흥醉興은 곧 시흥詩興이었다. 이규보는 「명일우작明日又作」에서 이렇게 읊었다.

> 병이 들었어도 단호히 술을 끊지 못하니
> 죽는 날에야 비로소 술잔을 놓을 줄 알게 되리라

창포주처럼 계절에 맞추어 빚어내는 술이 계절주이자 절

기주節期酒이다. 우리나라는 사계절이 뚜렷해 절기마다 그때그때 나오는 재료를 이용해 술을 빚었다. 설날 아침에 온 가족이 모여 마시는 도소주屠蘇酒를 시작으로, 정월 대보름날의 귀밝이술, 삼짇날 두견주, 한식날 성묘 때는 제사용으로 청명주를 빚어 왔다.

술에 관대하다 보니 술로 인한 해악도 많았던 모양이다. 세종대왕은 백성들에게 술을 경계하라며 일종의 금주령인 계주교서戒酒教書까지 내렸다. 제사를 지낼 때, 손님을 접대할 때, 어르신을 봉양할 때를 술 마셔도 좋은 때라 하고, 이 외에는 마시지 못하게 했다. 수많은 선비도 지나친 음주에 대한 가르침을 남겼다. 윤선도는 "술을 마시되 덕이 없으면 난亂하고, 주흥을 즐기되 예를 지키지 않으면 잡雜되기 쉬워 술을 마실 때에는 덕과 예를 갖추어야 한다."고 했다.

조지훈은 "술에 취하지 않고 흥興에 취하기를 즐긴다. 오욕칠정의 잠재된 모든 감정을 술로 풀려는 것은 술의 사도邪道"라고 했다. 이처럼 술 때문에 생기는 폐해를 막고 예를 바로 세우기 위한 방안도 있었다. 향촌의 선비와 유생들이 향교, 서원에 모여 학덕과 연륜이 높은 이를 주빈으로 모시고 술을 마시는 행사인 향음주례鄕飲酒禮였다. 하지만 향음주례는 1905

년 일제에 의해 사라졌다. 1895년, 기울어 가는 조선을 되살리기 위해 전국의 유생들이 향음주례를 핑계로 세 규합에 나섰고, 이는 의병 활동으로 이어졌다. 결국 일제는 이를 금지시켜 버렸다.

술잔이 주는
가르침

　한때, 막걸리는 쭈그러뜨린 양은 주전자에 부어, 역시 쭈그러뜨린 양은 막걸리잔에 따라 마셔야 제맛이라고 하던 시절이 있었다. 웬만한 막걸릿집에선 새로 산 주전자를 일부러 쭈그러뜨려 사용하기도 했다. 레트로 감성이라면 모를까, 이젠 아니다. 막걸리의 맛이 다양해지고 고급화되면서 병 디자인 못지않게 잔도 세련되어지고 있다. 요즘 젊은 층에선 주문 제작하는 나만의 술잔도 인기다. 커플잔, 도자기잔, 옹기잔에 24K 순금잔도 등장했다. 이런 다양한 잔에 이니셜을 각인한 잔들도 쏟아져 나오고 있다.
　술과 잔은 떼려야 뗄 수 없는 관계다. 술이 문화이듯, 술잔 역시 문화다. 유럽에선 쓰임새에 따라 술잔도 발전해 왔다. 와인잔은 향을 모으고 가두는 데 중점을 둔 디자인이다. 중심부의 볼이 넓고 위쪽으로 갈수록 좁아진다. 샴페인을 마실 땐 가늘고 길면서 입구가 좁은 플루트flute잔을 쓴다. 기포가 올라가는 걸 눈으로 볼 수 있고, 탄산이 적게 빠져나가게 만든 잔이다. 맥주도 종류에 따라 잔이 결정된다. 향이 강한 맥주는 와인잔과 비슷한 고블렛goblet잔에 따라 마시고, 시원한 목 넘김이 특징인 라거 맥주는 길고 투명한 필스너잔에 마셔야 제맛이다.

그러면 한국에도 전통적으로 문화라 할 수 있을 정도의 술잔이 있었을까? 당연히 있다. 먼저, 한국의 전통 술잔에는 가르침이 있다. 계영배戒盈杯 이야기다. 한자로는 경계할 계戒, 가득 찰 영盈 자를 써서 '가득 차는 것을 경계하는 술잔' 이란 뜻이다. 이 잔의 특징은 70% 정도 잔이 차면 모두 흘러 나가 한 방울도 남지 않게 고안된 잔이라는 것이다. 사이펀의 원리를 응용한 이 술잔의 묘미는 가득 채우려고 할수록 오히려 밑의 구멍으로 술이 빠져나간다는 데 있다. 이 잔은 과음을 조심하라는 의미만 있는 게 아니다. 넘침을 경계하라는 잔이기도 하고, 욕심을 채우려다가는 모두 잃을 수 있다는 가르침을 주는 잔이기도 하다.

전통 술잔은 공동체 의식을 다지는 수단이 되기도 했다.

대폿잔에 술을 담아 돌아가면서 마시는 술잔 문화를 공음례共飮禮라고 했으며, 관청마다 쓰는 대폿잔이 따로 있었다. 조선 초기 임금들은 매년 돌아가며 차례로 3관(교서관, 예문관, 성균관)에 궁중에서 만든 술을 내려보냈는데, 이때 사용하는 잔이 대포大匏였다. 복사꽃 필 때 연회를 여는 교서관에서 쓰는 잔의 이름은 홍도배紅桃杯였다. 예문관은 장미꽃이 한창일 때 연회를 열어 대폿잔을 장미배薔薇杯라고 이름 붙였다. 성균관에선 푸른 소나무 아래에서 임금이 내려준 술을 대폿잔에 따라 마셨는데, 이 잔을 벽송배碧松杯라 불렀다.

전통 술잔에는 해학과 여유도 있었다. 정조 때 편찬된 『국조인물고國朝人物考』엔 성종 때의 문신인 손순효(1427~1497) 이야기가 실려 있다. 그는 명나라로 보내는 서신을 도맡을 정도로 문장이 뛰어났지만 늘 술에 취해 있었다. 안타깝게 여긴 성종이 은으로 만든 술잔을 주며 하루에 한 잔만 마시라는 어명을 내렸다. 얼마 뒤 또 만취한 손순효를 본 성종이 다그치자, 얇게 펴서 사발 크기로 키운 술잔을 내보이며 하루 한 잔만 마신 게 맞다며 둘러댔다.

송강 정철도 선조로부터 은 술잔을 하사받고 하루 세 잔으로 술의 양을 제한받았다. 그러자 그도 역시 잔을 두드려 펴서 키운 뒤 술을 마셨다고 한다. 이 술잔은 현재 충북 진천의 송강기념관에 전시되어 있다. 이처럼 술잔 하나에도 우리 고유의 전통문화가 담겨 있다. 계영배처럼 과학적이기도 하고, 벽통배처럼 풍류도 깃들어 있다. 각 기관마다 대포를 마시며 대폿잔에 낭만적인 이름을 붙이기도 했다.

술로 즐기는
선비들의 한여름 풍류

 요즘이야 사시사철 온도 조절을 통해 말복 더위에도 술을 빚지만 예전엔 불가능한 이야기였다. 술은 주로 늦가을부터 겨울을 거친 후 초봄에 이르기까지 빚었다. 이화주도 배꽃이 필 무렵 술을 빚어 발효시킨 후, 본격적인 여름이 오기 전까지 마셨던 술이다. 겨울에 추울 때 빚는 술은 보통 저온에서 한 달 이상 발효를 시키고, 또 숙성 기간을 거쳐 완성된다.
 삼해주, 삼오주, 삼양주 등 맑은술을 목적으로 빚는 대부분의 술이 그랬다. 여름에도 잠깐씩 술을 빚기는 했다. 술을 빚는 목적이 조상의 제사를 모시고 집안에 찾아오는 손님을 대접하는 봉제사접빈객奉祭祀接賓客에 있었고, 농사지을 때 마시는 농주農酒도 필요했기 때문이다.
 기온이 높은 여름에는 어떤 술을 빚어 마셨을까? 여름에 빚는 술은 빚는 과정에서 실패하기도 쉽고, 잘 빚었다 하더라도 상하기가 쉽다. 그렇기 때문에 여름에는 상대적으로 높은 온도에서 단기간 발효시켜 마시는 단양주가 대부분이었고, 그중에서도 아주 짧은 시간에 완성시키는 속성주速成酒가 일반적이었다.

    속성주는 발효 기간에 따라 이름이 정해졌다. 1800년대 중엽에 간행된 것으로 보이는 조리서인 『역주방문歷酒方文』에는 하룻밤 만에 완성시키는 술인 일야주방一夜酒方이 기록되어 있다. 이 책에는 일야주 외에도 삼일주, 구일주도 전해 온다. 이같이 짧은 기간에 완성시킬 수밖에 없었던 술은 하절지주, 십일주, 시급주 등으로도 불렸다. 선비들은 무더위 속에서도 이런 술을 마시며 풍류를 즐기고 술자리를 지켜왔다. 오히려 각종 이야기를 덧붙여 술자리를 즐겼다.

    이런 선비들의 풍류는 피서음避暑飮으로 이어졌다. 선비들이 여름 더위를 잊기 위해 연꽃을 바라보며 술을 마셨는데, 이를 피서음이라고 한다. 풍류로 즐기는 선비들의 피서음에 벽통배를 빼놓을 수 없다. 벽통배는 연잎으로 만든 술잔이다. 고두밥과 누룩을 섞어 두세 겹 연잎으로 싸고 발효를 시킨다. 연잎을 따와 처마 밑에 매달아 두기도 했지만, 연밭에서 연잎을 따지 않고 그대로 사용하기도 했다. 3일 후쯤 술이 익으면 연의 줄기를 자른 후 술을 담은 잎과 연결된 줄기를 비녀로 찔러 뚫어주면 술이 연 줄기의 구멍을 타고 흘러내리게 된다. 이때 줄기 끝에 입을 대고 술을 마시는데, 이게 벽통주碧筒酒였고, 또 이런 풍류를 통틀어 벽통음碧筒飮이라고 했다.

술자리에 초대하는 초대장에도 당연히 풍류가 넘쳤다. 『간찰, 선비의 마음을 읽다』(심경호/한얼미디어)라는 책에는 허균이 친구 권필에게 보낸 편지 내용이 실려 있다. 여기엔 허균이 권필에게 이렇게 하소연한다. 형이 강화도에 있을 땐 서울 올 때마다 술을 마시고 시를 읊었는데, 오히려 서울로 온 뒤부터는 한가롭게 어울린 적이 없다며 허균은 불평한다. 그러면서도 허균은 술을 빚어놓고 기다리고 있다는 편지를 권필에게 보냈다.

    연꽃은 붉은 꽃잎이 반쯤 피었고,
    녹음은 푸른 일산에 은은히 비치는구려.
    마침 동동주를 빚어서 젖빛처럼 하얀 술이 동이에 넘실대니,
    즉시 오셔서 맛보시기 바라오.
    바람 잘 드는 마루를 벌써 쓸어놓고 기다리오.

이렇게 간절하게 술자리를 청하는데, 누가 거절할 수 있을까. 다만, 조선 시대의 선비들은 술을 마시는 데도 엄격한 주도가 있어 이를 불문율처럼 지켰다. 이것이 바로 풍류였다. 풍류는 단지 잘 노는 것만을 의미하지 않는다. 격조 높은 음주 문화였다. 선비들은 한여름 더위 속에서 술을 마시면서도 풍류를 잊지 않았다. 그게 더위를 이기는 방법이었다.

우리 전통주는
여성이 중심이다

　우리 전통주가 왜 고급술인가? 같은 발효주인 와인이나 맥주에 비해 결코 품질이 뒤지지 않고, 맛과 향으로 비교를 해 봐도 오히려 더 뛰어난 술이기 때문이다. 실제 발효 과정이나 양조 과정을 보더라도 훨씬 더 복잡하고 까다롭다. 과하주過夏酒를 살펴보자. 과하주는 말 그대로 '여름을 나는 술'이다. 기온이 높아 술이 쉽게 상하는 여름철에, 술이 상하지 않게 발효주에다 발효주를 증류한 소주를 섞어 알코올 도수를 높여 여름을 지날 수 있게 만든 술이다. 발효주와 증류주의 단점을 서로 보완한 것이다.
　과하주가 막걸리에 소주를 섞는다고 해서 맛과 향이 두 술의 중간 정도라고 생각하면 오산이다. 막걸리 발효 도중에 알코올 도수가 높은 증류주를 넣어 효모의 활동을 중지시켜 더 이상 발효를 못 하게 한다. 그렇지만 전분을 당으로 바꿔주는 효소는 알코올에 대한 내성이 있어 활동을 계속해 단맛이 강한 술이 되는 것이다. 실제 고문헌에도 과하주는 '달고 독하다' 라고 표현해 놓았을 정도다.

과하주와 똑같은 과정을 거쳐 만드는 게 포트와인이다. 포트와인 역시 발효주인 와인에 와인을 증류한 브랜디를 섞어 알코올 도수를 높여 여름을 지날 수 있게 했다. 중요한 건 옛 문헌에 남아 있는 기록이다. 기록상으로 따지면 과하주의 역사가 포트와인보다 100여 년이 앞선다. 술의 맛과 향에서도 과하주가 더 뛰어나다. 단맛 외에도 과일 향과 꽃 향이 두드러지는 것이 과하주다.

우리 전통주는 여러 가지 특징적인 면이 있지만, 그중에서도 가장 중요한 것은 여성 중심의 술이라는 데에 있다. 지금까지 남아 있는 술과 관련된 여러 고문헌 중에는 한문으로 쓰인 책도 있지만, 순 한글로 쓰인 조리서도 많다. 1670년 정부인 안동 장씨 장계향이 저술한 조리서 『음식디미방』과 의성 김씨 종택에서 전해 내려오는 『온주법』(1700년대 편찬 추정)도 순 한글로 쓴 것이다. 1900년대 초의 『부녀필지』도 마찬가지다. 이들 순 한글 조리서는 필사본이 많다는 것도 특징이다. 이는 딸과 며느리에게 음식과 술 담그는 법을 전해 주기 위한 여성들의 노력 덕분이었다.

우리 전통주는 단맛이 강한 경우가 많다는 점도 특징이다. 동정춘, 석탄주, 이화주 등이 그런 술이다. 박록담 한국전통주연구소 소장이 펴낸 『한국의 전통주 주방문』에는 고문헌에 기록된 523종, 1,083가지 술 빚는 법을 모았다. 그는 이들 대부분의 술을 복원해 놓고 보니 60% 이상이 단맛 나는 술이었다고 했다. 이유는 당시의 여성들이 일부러 단맛을 내는 술을 빚었기 때문이었다. 단맛이 나는 술은 많이 마셔도 석 잔 이상 마시기 어렵다. 술의 단맛을 높여 남자들이 술을 적게 마시게 하기 위해서였다는 것이다.

박록담 소장은 또 전통적으로 이어져 온 한국만의 술 문화는 반주 문화이자 약주 문화, 접대 문화, 나눔의 문화였다고 이야기한다. 술을 일부러 달게 만들어 식사를 하면서 한두 잔 곁들이는 정도로 그치게 한 지혜도 여성들로부터 나왔다. 제사를 모시는 봉제사奉祭祀 외에, 지나는 과객들을 대접하는 접빈객接賓客도 여성들의 몫이었다. 손님 접대엔 술이 빠질 수 없었고, 그렇기 때문에 맛있는 술을 빚는 집은 전국의 사람들과 정보가 모여들어 집안이 성할 수밖에 없었다.

술은 문화다. 술을 빚는 것은 물론, 다양한 음주 방식도 문화다. 옛날부터 그 중심에는 여성들이 있었다.

옛 문헌에서 본
음주금기 飮酒禁忌

　지난가을, 어느 분이 단감과 단감 주스를 가져왔다. 직접 농사지은 단감으로 겨울 가지치기부터 늦가을까지 이어진 정성을 생각하면 맛이 없을 수가 없었다. 단감 주스 역시 첨가물 없이 단감과 물만을 넣어 달여 낸 주스였다.
　단감과 단감 주스를 거의 다 먹어갈 무렵, 문득 기억나는 일이 있었다. 초봄 어느 날, 두견주를 빚을 생각으로 진달래꽃을 구하러 갔다가 나눈 이야기였다. 가을에 단감을 수확해서 보내주면 그것으로 술을 빚어 보내주겠다는 약속이었다. 갑자기 마음이 급해졌다. 이걸로 어떻게 해야 맛있는 술을 빚을 수 있을까.
　이런저런 고민을 하다가 홍시 막걸리를 빚는 것으로 결론을 냈다. 단감은 감말랭이처럼 반건조 상태로 술을 빚어야 맛이 날 것 같았지만 건조하기까지 시간이 너무 많이 걸릴 듯했다. 그렇다고 즙을 짜내서 술을 빚기에는 단감의 양이 턱없이 부족했다. 마침 '우리 술 맛있게 빚기' 수강생들에게 부재료를 넣은 술을 빚어보라는 과제를 냈던 터였다. 수강생 몇 명과 급하게 홍시 막걸리 레시피를 짜고, 홍시를 구해 오고, 찹쌀을 씻고 불리는 등 부산하게 움직였다.

술은 만드는 게 아니라 빚어내는 것이라고 했다. 그만큼 정성을 들여야 맛과 향을 즐길 수 있다. 갑작스럽게 빚은 홍시 막걸리였지만 정성을 다해 마무리한 뒤 이런저런 이야기를 나누던 중, 한 수강생이 '감은 술안주에 맞지 않다'는 한의사의 글을 본 적이 있다고 말했다. 그렇다면 감으로 만드는 술은 어떨까. 감과 술은 상극인 걸까.

'술과 홍시'로 인터넷 검색을 해봤다. 몇몇 신문 기사들이 눈에 띄었다. 그중 눈에 들어온 내용은 '감의 탄닌 성분이 알코올 흡수를 지연시키고, 소변을 원활하게 하여 술을 빨리 깨게 하는 효능이 있다'는 것이었다. 반면, '홍시는 위통을 일으킬 수 있고 술을 더 취하게 하므로 먹지 않는 것이 상책이다'라는 말도 있었다. 막 홍시 막걸리를 담근 터라 당황스러웠다. 옛 문헌에도 술과 감에 대한 내용이 실려 있다. 『규합총

1부 선조들의 술 문화

서』(1809년)의 음주금기 조항이다.

계지탕桂枝湯과 단것을 먹지 않는다. 탁주에 국수를 먹지 않는다(땀구멍이 막힌다). 술에 취해 바람을 쐬지 않는다. 음주 후 찬물을 마시면 안 된다(찬 기운이 방광에 들어 수종, 치질, 소갈증이 생긴다). 홍시, 밤, 살구, 버찌, 조기 등은 상극이다.

『동의보감』에도 유사한 음주금기 내용이 있다. 『규합총서』와 중복된 내용을 제외하면 다음과 같다.

얼굴이 흰 사람은 혈이 소모되므로 술을 많이 마시지 않는다. 술은 석 잔을 넘기지 않는다(오장이 상하고 마음을 어지럽힌다). 술은 풍을 부르고 신腎을 상하게 하며, 장을 해치고 옆구리를 썩게 한다. 빨리 마시지 않는다(폐를 상하게 한다). 술이 덜 깼을 때 몹시 갈증이 난다고 물이나 차를 마시지 않는다(신장과 방광에 무리를 준다). 취한 뒤 성생활을 하지 않는다(기미가 생기고 기침하며, 심하면 수명을 단축시킨다). …

『규합총서』에서 '홍시와 술은 어울리지 않는다' 는 내용을 보고 당황스러웠다. 하지만 술이라는 것이 결국 많이 마시는 게 더 큰 문제이고, 적당히 마시면 건강에도 좋다는 이야기에 위안을 삼기로 했다.

결과적으로 홍시 막걸리는 성공작이었다. 죽으로 밑술을 빚고 이틀 후 찹쌀 고두밥으로 덧술을 했는데 이때 고두밥과 홍시를 함께 섞어 한 달을 더 발효시켰다. 술을 거르고 한 달을 더 숙성시키고 나서야 비로소 술맛을 봤다. 이때 함께 홍시 막걸리를 빚은 한 분의 말이 아직 기억에 남는다.

"술과 홍시는 상극이라 하더라도 이 술은 마셔야겠습니다."

철학적이고 문학적인
우리 술 이름

전통주 강의를 하면서 수강생들과 여러 가지 술을 빚는다. 특히 고문헌에 수록되어 있는 전통주 중에서도 이름에 특징이 뚜렷하게 드러나는 술들을 가능한 한 많이 빚어 보려고 한다. 우리 술은 술 이름 하나만 봐도 문학적이고 철학적이다. 이색적인 이름을 가진 술은 도대체 어떤 맛과 향이 날지 궁금해진다.

이런 술들이 수백 년 동안이나 잊히지 않고 보존되어 온 것은 순전히 기록의 힘이다. 『동의보감』뿐 아니라 『산가요록』, 『수운잡방』, 『음식디미방』, 『온주법』, 『주방문』, 『산림경제』, 『규합총서』, 『양주방』, 『주찬』, 『역주방문』 등 술에 대한 이야기와 술 빚는 방법이 기록되어 있는 문헌은 수없이 많다.

대표적인 술이 이화주梨花酒다. 이화주는 배꽃을 넣어 빚는 술이 아니라 배꽃이 필 무렵에 빚는 술이다. 1450년쯤 편찬된 『산가요록』에 수록된 것을 시작으로 이후 『규곤시의방(음식디미방)』, 『주방문』, 『역주방문』, 『산림경제』, 『임원경제지』, 『양주방』 등 많은 고문헌에 등장한다. 떠먹는 막걸리로 알려진 이화주는 만드는 방법이 까다롭고 힘들며, 쌀이 많이 들어가는 술이라 귀족, 양반층에서 빚어 마셨던 술로 여겨진다. 몇 년 전쯤 TV 드라마에 소개되면서 관심을 받았다. 맛은 새콤달콤하다. 문헌에는 그 맛이 매우 달고 향기롭다고 전하고 있다.

『주방문』에 수록되어 있는 석탄주惜呑酒도 독특한 이름을 가진 술이다. 애석할 석惜, 삼킬 탄呑, 술 주酒를 써서, 맛과 향이 뛰어나 차마 삼키기 안타까운 술이라는 말이다. 『임원십육지』와 『양주방』, 『주찬』에는 '석탄향' 이라는 이름으로 전한다. 포도와 사과 등 과일 향과 단맛, 감칠맛이 조화를 이뤄 이름처럼 마시기 아까운 술이다. 하지만 밑술을 죽으로 빚는 석탄주는 맛과 향을 제대로 내기가 쉽지 않다.

백수환동주白首還童酒는 불로장생을 꿈꾸는 옛사람들의 바람을 보는 것 같아 미소를 짓게 만드는 이름이다. 머리가 흰 늙은이(백수·白首)가 도로 아이가 되는(환동·還童) 술이다. 이화주가 이화곡이라는 전용 쌀누룩을 쓰듯, 백수환동주를 빚을 땐 백수환동곡이라는 전용 누룩을 사용한다. 녹두와 쌀가루를 섞어 겨울에 누룩을 만들고 여름에 술을 빚는다. 녹두누룩을 써 술에서 독특한 맛과 향이 난다. 『양주방』에선 백수환동주를 다음과 같이 기록했다.

    한 말에 한 기의 수를 더한다 하였으니, 한 기는 열두 해다. 하늘나라에서도 비밀 방문이니 너무 헛되게 전하여 세상의 더러운 사람으로 하여금 배우게 하지 말아라.

얼마나 비밀 방문이었기에 세상의 더러운 사람들이 배우지 못하게 하라 했을까.

『임원십육지』(1827년경)에 수록된 동정춘洞庭春은 평생에 한 번은 꼭 마셔봐야 한다는 전설의 술이다. 벼농사 짓는 논 1평(3.3㎡)에서 생산되는 쌀 4.4kg으로 술을 빚으면 1L만 나올 정도로 술의 양이 적다. 동정춘은 밑술+덧술 형태의 이양주로, 밑술을 구멍떡 형태로 빚는다. 술을 빚을 때 물이 거의 들어가지 않는 것이 특징이다. 그만큼 빚기 어려운 술이기도 하다. 전통주 교육 때마다 한 번 더 빚자고 하면 수강생들이 기겁할 정도로 힘이 드는 술이다. 그렇지만 맛은 꿀보다 더 달다. 발효 과정에서 자연적으로 얻어지는 단맛이다. 이제껏 이 술을 맛보고 놀라지 않은 사람은 단 한 사람도 없었다.

정월 초에 술을 빚어 요즘처럼 더운 여름에 마시는 술은 삼해주三亥酒다. 삼해주는 정월 첫 돼지날인 해일亥日에 술을 빚기 시작해 12일 혹은 36일 간격으로 돌아오는 해일에 모두 세 번에 걸쳐 빚는 술이다. 대부분 술은 20~25℃에서 발효하는데, 삼해주는 10~15℃에서 발효하는 장기 저온 발효주이다. 돼지가 건강과 다산, 돈을 의미하기 때문에 이를 기원하며 빚은 술이라 의미가 있다. 마찬가지 방법으로 말날인 오일午日에 빚으면 삼오주三午酒이다.

『역주방문』에는 연화주蓮花酒라는 독특한 술이 있다. 1450년대 『산가요록』에 처음 등장한 술이기도 하다. 연화蓮花라는 이름과 달리 연꽃을 넣어 빚는 술이 아니다. 술에서 연꽃 향이 난다고 붙은 이름이다. 이 술이 독특한 건 무국주無麴酒라고 해서 술을 빚을 때 누룩을 넣지 않는다는 데 있다. 누룩을 넣지 않고 어떻게 술을 빚을 수 있을까? 다음 주방문酒方文(술 제조법)을 보면 이해가 된다.

멥쌀을 찐 다음 쑥대와 닥나무 잎을 깔고 그 위에 찐 밥을 올리고 다시 닥나무 잎과 쑥대로 덮어 준다. 7일 후 깨끗한 그릇에 옮겨 담고 3일 동안 둔 후 멥쌀을 쪄서 밑술과 혼합해서 항아리에 담아 두고 술이 익으면 마신다.

연화주를 빚을 땐 쑥대와 닥나무 잎에 있는 미생물이 누룩을 대신하는 것으로 보인다. 특히 닥나무 잎에는 가양주 제조에 적합한 황곡균이 많다고 알려져 있다. 술의 색깔을 보고 지은 이름도 있다. 아황주鵝黃酒가 대표적이다. 아鵝는 거위다. 아황주는 제조 방법이 특별하다기보다 새끼 오리의 털빛처럼 술빛이 노랗고 아름답다고 해서 붙은 이름이다. 녹파주綠波酒도 푸른 파도 같은 술의 색을 보고 부르는 이름이다. 『주찬방』에는 녹파주의 술빛이 거울 같다는 기록이 남아 있다.

추로주秋露酒는 원래 가을 이슬을 받아 빚은 술이다. 하지만 『잡초』에는 추로주를 '서울 사람이 전한 것으로 색이 깨끗하고 맑다. 그래서 나는 이름을 추로秋露라고 한다'고 기록하고 있다. 이름만 들어도 기분 좋은 맛이 떠오르는 술도 있다. 옥지주玉脂酒 혹은 옥지춘玉脂春으로 부르는 술이다. 옥지주는 잣을 넣어 빚는데, 술 위에 고이는 잣기름이 옥처럼 보인다고 해서 붙인 이름이다.

술의 발효 진행 과정에서 그 모양을 보고 지은 이름도 있다. 『목은집』, 『산가요록』 등에 있는 부의주浮蟻酒다. 발효가 거의 끝나면 밥알이 단지 아래쪽으로 가라앉는데, 일부 발효가 더딘 밥알은 술 표면에 떠 있게 된다. 밥알이 떠 있는 모양이 개미 유충처럼 보인다고 해서 부의주다. 이 외에도 향이 뛰어난 술이라는 집성향集聖香, 큰 집에 향기가 가득한 술이라는 만전향주滿殿香酒도 있다. 세 가지 쌀로 빚은 삼합주도 특이하다. 삼합은 문헌에 따라 찹쌀+메밀+수수 혹은 찹쌀+메밀+차조를 이야기한다.

의미가 남다른 이런 전통주들은 스토리텔링에 강점이 있다. 최근 젊은 층을 중심으로 되살아나기 시작한 전통주 시장을 활성화하는 데도 큰 역할을 할 수 있다. 전통주가 '아재 술'에서 '힙한 술'로 환골탈태하기 위해서라도 재미있는 술 이름을 되살려야 한다.

혼술은 반주 문화이자
약주 문화였다

    혼술과 홈술. 이제는 하나의 음주 문화로 굳건하게 자리 잡은 느낌이다. 혼술, 홈술은 혼자 집에서 술을 마신다는 의미로, 젊은 층 사이에서는 내가 원하는 시간에 내가 마시고 싶은 주종과 안주를 즐길 수 있다는 장점 때문에 유행하고 있다(홈술도 어차피 혼술일 때가 많다. 여기에서는 '혼술'로 통칭한다).

    코로나19 팬데믹 기간에 인기였던 수제맥주에 이어, 위스키에 탄산수를 섞어 마시는 하이볼 문화가 유행하면서 혼술 확산에 큰 영향을 끼쳤다. 이후에는 젊은 양조인들이 만드는 프리미엄 막걸리가 쏟아져 나와 비싸더라도 내가 마시고 싶은 막걸리를 구입해 집에서 음미하며 마시는 막걸리 덕후도 늘어났다. 하지만 혼술은 우리 전통 술 문화와는 거리가 멀다. 혼자서 마시는 독작獨酌 문화는, 원래 서양의 술 문화였다. 반면 우리나라 전통 술 문화는 수작酬酌 문화다.

가객 김창완과 주객 명욱이 함께 떠난 우리 술 이야기인 『젊은 베르테르의 술품』에서 "수작은 갚을 수酬, 따를 작酌으로 술을 주고받고 나눈다, 술잔을 돌린다, 그리고 술을 통해 대화를 한다는 의미"라며 잔을 부딪치고 한 번에 다 마셔야 하는 건배와는 완전히 다른 문화라고 했다. 건배는 대작對酌 문화로, 중국이 대표적이다. 원래는 고대 바이킹족 문화였다고 한다. 술잔을 세게 부딪쳐 넘치게 해 술을 섞음으로써 독을 탔는지 확인하는 용도였다는 것이다. 그래서 원래 건배는 남을 의심하는 문화였다.

선비들의 풍류라는 입장에서 보면 주고받는 수작이 대표적인 술 문화인 것처럼 보이지만, 실은 우리 조상들도 독작을 즐길 때가 많았다. 먼저, 명절 때다. 온 가족이, 온 집안이 모여 있는데 술을 주고받고, 술잔을 돌릴 수가 없다. 이럴 땐 반주飯酒로 한두 잔 혼자서 술잔을 기울일 수밖에 없다. 반주는 식사할 때나 식사 전에 한두 잔 마셔 피로를 풀고 식욕을 돋우는 술이다.

당시에 요즘의 혼술처럼 반주로 한두 잔 하는 것은 말 그대로 약주였다. 더구나 조선 시대에 들어와서는 가양주 문화가 싹트면서, 부모나 집안의 어른들에게 식사 때 건강을 위해 술을 올리는 경우가 많았다. 술이 곧 약이라는 생각에 '반주 문화=약주 문화'였던 셈이다. 당시 반주로 올리는 술은 단맛이 강한 술이 대부분이었다. 고문헌에 기록된 술 빚는 법을 토대로 술을 담가 보면 의외로 강한 단맛에 놀란다.

특히 조선 시대 술은 60% 이상이 단맛이 나는 술이다. 그 이유 중 하나는 술을 흥청망청 마시지 말고, 혼술을 즐기듯 반주로 마시라고 일부러 달게 만들었다는 것이다. 드라이한 술과 쓴맛이 나는 술은 많이 마실 수밖에 없다. 술을 달게 만들어야 아무리 많이 마셔도 서너 잔으로 그친다는 것. 예나 지금이나 어른들의 폭음하는 습관은 여전했던 모양이다.

잊힌 문화를 살리는 일,
가양주 복원

죽원竹院에서 죽력 네 되를 구하여 소주와 생강즙을 섞어 죽력고竹瀝膏를 만들었다(1747년 2월 13일, 43세).

인동 할아버지가 추로주秋露酒를 가지고 와서 대접하였다 (1752년 7월 19일, 48세).

맑음. 내 병은 손발이 저리고 아픈 증상이 심하여 송절松節로 미음을 끓여 마셨다(1766년 3월 29일, 62세).

『역중일기歷中日記』 중 술과 관련된 내용 일부다. 『역중일기』는 대구 옻골마을에 살았던 백불암百弗庵 최흥원 선생(1705~1786)이 평생에 걸쳐 책력册曆 위에 기록한 일기를 후학들이 편집한 것이다. 그는 조선 후기 대구 지역을 대표하는 학자였다.

『역중일기』는 1727년부터 1786년까지 약 60년 동안 기록한 전형적인 생활 일기다. 이 일기에는 하루의 간지와 일기 상태를 비롯하여 농사 형편, 집을 방문한 사람들의 면면과 사연, 유람 일정, 질병과 이를 대처하는 자세, 사회적 모순과 부조리에 대한 반성적 표출, 부인동 향약, 종중의 대소사 등 조선 후기 사대부의 일상사가 사실적으로 기록되어 있다. 이 중에는 술과 관련된 내용도 상당수 포함되어 있다.

다른 고문헌과 달리 상세한 술 빚는 법이 실려 있지 않아 조금은 아쉽지만, 그래도 그 당시에 어떤 술을 언제 마셨는지는 짐작해 볼 수 있어 의미 있는 내용도 많다. 일기에는 위에서 예를 든 내용 외에도 수십여 차례에 걸쳐 몇 가지 술 이름이 등장한다. 대체로 제사에 올리거나 손님을 맞이할 때 등장하며, 일꾼에게 일을 맡길 때도 종종 술을 빚어 먹인 것으로 나타난다. 1753년 6월 13일 일기다.

> 나미주糯米酒를 빚어 외숙부께 보냈다. 어머니의 말씀을 받든 것이다(1750년 7월 6일).
>
> 흐리고 가랑비가 내렸다. 어머니께서 손수 써서 보내주신 편지를 받고 병환은 더침을 면하였다는 사실을 알았다. 천만다

행이다. 하계霞溪의 편지를 받고 아울러 연차술蓮茶酒을 받았다.

이렇게 고문헌에 수록된 술들은 가양주家釀酒로 복원할 가치가 충분하다. 각 지방자치단체에서도 우리나라 전통주 문화의 큰 축인 가양주를 복원하고 재현해 내기 위해 다양한 활동을 하고 있다. 전통주 제조 전문 교육을 통해 전통주 전문가를 양성하는가 하면, 시군별로 전통가양주 연구회를 만들어 활동을 하기도 한다.

『역중일기』에 나오는 술 역시 옻골에서 복원하고 싶어 했다. 종가에서 만들고 마셔 왔던 술의 제조법을 현대에 맞게 개발하고 되살리려는 노력이다. 우선 『역중일기』에 등장하는 술을 살펴볼 필요가 있다.

죽력고는 죽력竹瀝(대나무 줄기를 불에 구워 받은 진액)과 벌꿀을 소주에 넣고 중탕해 만드는데, 때로는 생강즙을 넣기도 한다. 『역중일기』에서도 죽력에 소주와 생강즙을 섞어 죽력고竹瀝膏를 만들었다고 기술하고 있다.

송절松節은 소나무 줄기의 마디이다. 이를 부재료로 만든 술이 송절주이다. 주로 송절을 쪼개 달여서 쓰거나(『향약집성방』), 송절을 술에 담가 마시기도 했다(『동의보감』). 고두밥을 찔

때 송절을 달인 물을 뿌리면서 찌기도 했다(『규합총서』). 송절주는 소나무가 가진 상징적인 의미 때문에 선비들이 즐겨 마셨다.

추로주秋露酒는 조선 시대 역대 임금들이 저술한 시문을 수록한 시문 선집인 『열성어제列聖御製』에도 등장한 술이다(『열성어제』 제7권 선조대왕 시). 추로주는 원래 가을 이슬을 받아 빚는 술이다. 1800년대 초엽 저자 미상의 책인 『주찬』, 『잡초』 등에도 추로주가 나온다. 이 책에서는 가을 이슬로 빚어서가 아니라, 술 색이 깨끗하고 맑아 이름을 추로秋露라고 한다고 했다. 다행히도 여기엔 술 만드는 법이 상세하게 실려 있다.

『역중일기』 기록을 바탕으로 대구 옻골마을 경주 최씨 종가의 가양주를 복원하고 있다. 가양주를 복원한다는 것은 하나의 술 제조법을 그대로 재현하거나, 현대에 맞게 재창조하는 것 이상의 의미가 있다. 가양주를 빚는 것은 하나의 문화이기 때문이다.

세시풍속 따라 연말연시에 마시는 술들

조상들은 세시풍속에 따라 절기주節期酒를 빚어 마셨다. 계절마다 때가 되면 나오는 재료로 빚어 마시는 술이었다. 한겨울 동지冬至가 지나고 나면 얼마 지나지 않아 24절기 가운데 마지막 절기인 대한大寒이 오고, 보름 남짓 더 지나면 설이다. 이맘때엔 어떤 술을 마셨을까.

연말이면 새해가 오기 전에 납주臘酒를 마셨다. 『임원십육지』(1827년경), 『농정회요』(1830년경)에 납주에 대한 기록이 남아 있다. 섣달에 들면서 빚어 두었다가 동지 이후 세 번째 미일未日인 납일臘日에 마시던 술이다. 계산해 보면 납일은 대체로 음력 12월 연말쯤, 곧 대한大寒 근처이다. 납일엔 나라에서는 종묘와 사직에 제사를 올렸고 민가에서는 여러 신에게 제사를 지냈다.

1부 선조들의 술 문화

지난 한 해를 되돌아보며 결산을 하고 무사하게 지낸 1년을 감사하며 마시는 술이 납주이다. 납주는 먹다 남은 쉰밥을 이용하는 특이한 방법으로 술을 빚는다. 그렇다고 쉰밥이 많이 들어가는 건 아니다. 대개 고두밥(쌀) 양의 10% 이하를 사용해서 빚는 단양주다.

설날 아침엔 도소주屠蘇酒를 마셨다. 사악한 기운을 때려잡는 술이란 뜻인데 당시엔 전염병이 가장 무서운 질병이었다. 그래서 전염병에 약할 수밖에 없는 아이들부터 마시게 했다. 맑은술에 여러 가지 약재를 넣고 끓여 내기 때문에 알코올 성분은 없었다.

액땜으로 마시는 술은 또 있다. 정월대보름날 아침 일찍 마시는 귀밝이술이다. 아침에 찬술(청주)을 마시면 귀가 밝아진다는 믿음이 있었다. 이 술 또한 어린아이가 아니면 온 가족이 한 잔씩 마셨다. 시골의 작은 동네에서 자랐던 기억을 되돌아보면, 어렸을 때도 어머니는 대보름 아침이면 맑은술 한 잔을 마시라며 내주었다. 한 해 동안 귓병 없이 좋은 소식만 듣도록 염원하는 의미가 있다. 다만, 귀밝이술은 도소주처럼 따로 빚지는 않았다. 설날 차례상에 올리고 남은 술을 사용했기 때문이다.

아쉬운 점은 정월대보름날 부럼을 깨고 귀밝이술을 마시는 전통은 유지되고 있는 듯 보이지만, 납주를 마시거나 도소주를 마시는 전통문화는 이제 거의 볼 수 없다는 것이다. 술은 문화다. 좋은 의미가 담겨 있다면, 사라져 가는 술과 술 문화를 이어가는 노력도 조금은 할 필요가 있다고 본다.

요즘 들어 전통주가 젊은 세대들로부터 인기를 끌며 '힙한 술'이 되었다는 이야기를 자주 듣는다. 또 이 같은 인기를 바탕으로 우리 전통주의 세계화를 이뤄야 한다고도 한다. 이를 위해선 스토리텔링이 필수다. 다행히 납주나 도소주, 귀밝이술 같은 세시풍속 속의 절기주는 많은 이야기를 품고 있다. 여기에 그 술을 마시는 의미까지 담아낸다면 금상첨화가 아닐까.

녹두는 왕이 마시던
술의 비방秘方이었다

　술을 마시는 주당들에겐 보통 사람들이 이해하기 어려운 공식이 있다. 치킨을 먹으면 맥주 생각이 간절하다. 삼겹살을 구우면 소주를 찾게 되고, 치즈를 보면 자연스럽게 와인을 떠올린다. '비 오는 날=막걸리=파전'은 뿌리칠 수 없는 더욱 강력한 공식이다.

　실제로 비 오는 날은 막걸리와 파전이 많이 팔릴까? 사실이다. 통계로도 증명할 수 있다. 연이어 비가 내렸던 일주일간 편의점 막걸리 매출이 그 전 주 대비 45%나 증가했다는 조사 결과도 있었다. '비 오는 날 막걸리와 파전'은 홈술 문화의 확산과 함께 더욱 보편화된 추세다.

　불과 몇십 년 전까지만 해도 막걸리 하면 연상되는 안주는 빈대떡이었다. 빈대떡의 재료인 녹두가 그만큼 흔했다는 말이다. "돈 없으면 집에 가서 빈대떡이나 부쳐 먹지~." 가요 〈빈대떡 신사〉에 등장하는 가사처럼, 녹두는 일반 가정에서도 늘 갖추고 있는 식재료였다. 노랫말처럼 돈 있으면 요릿집이나 기생집에 들렀고, 돈이 떨어지면 집에 가서 흔히 먹던 빈대떡에 막걸리 한잔을 하곤 했던 것이다.

그랬던 녹두가 요즘은 쉽게 접할 수 없는 식재료가 되어 버렸다. 국산 녹두의 가격이 워낙 만만치 않기 때문이다. 어릴 적 기억을 더듬어 보면, 녹두는 수확하기가 여간 까다로운 게 아니다. 수확 시기를 하루만 늦춰도 콩깍지가 밭에서 터져버리기 때문이다. 녹두의 알은 워낙 작아 흩뿌려지면 하나하나 주워 담기 어렵다.

재배와 수확도 쉽지 않고, 논에서 밥쌀용 벼를 대체할 작물(논콩, 조사료 등)을 재배한 농가에 지급하는 전략작물직불금 대상 작물도 아니라는 이유 등으로 농민들이 녹두 재배를 꺼리게 되었고, 값은 치솟았다. 그러는 동안 값싼 중국산과 페루산 녹두가 국내 시장을 장악해 버렸다. 요즘은 돈이 있어도 국산 녹두를 먹기 어려운 상황이다.

녹두는 영양 면에서도 훌륭한 식재료다. 한의학에서는 녹두를 대표적인 찬 성질의 식품으로 보며, 갈증을 풀어주는 데 좋다고 한다. 필수 아미노산 함량이 많아 어린이 성장 발육에도 좋다고 알려져 있다. 녹두는 전통적으로 우리 술에서도 많이 사용되었다. 대표적인 술이 향온주香醞酒와 백수환동주白首還童酒 같은 고급술이었다.

향온주는 녹두를 넣어 만든 누룩인 향온곡香醞麴으로 빚은 술이다(보통 술을 빚을 때 사용하는 일반 누룩은 밀누룩이다). 녹두는 해독 작용이 뛰어나다고 알려져 있다. 그래서인지 향온주는 옛날 궁중의 술 빚는 관청인 양온서良醞署에서 빚어 임금에게 올리던 술이었다. 임금이 마시기도 했고, 신하에게 하사하기도 했다. 그만큼 귀한 술이었다. 다른 술에서는 느낄 수 없는 독특한 맛과 향도 가지고 있다. 바로 녹두에서 나오는 향과 맛이다.

향온주는 『산가요록』, 『음식디미방』, 『임원십육지』, 『역주방문』 등의 다양한 고조리서에 등장한다. 술 빚는 방법 또한 문헌마다 조금씩 다르게 기록되어 있다. 아마도 왕의 건강을 다스리는 방법으로 그때그때 다르게 조정했기 때문이다.

향온주는 향온곡이라는 전용 누룩을 쓰는 술이다. 백수환동주도 마찬가지로, 녹두를 넣어 만든 백수환동주곡이라는 전용 누룩을 사용한다. 녹두와 쌀가루를 섞어 겨울에 누룩을 만들고 여름에 술을 빚는다. 녹두누룩을 써서 백수환동주도 향온주처럼 술에서 독특한 맛과 향이 난다. 여름에 술을 빚는 것도 아마 녹두의 찬 성질 때문일 것이다. 머리가 흰 늙은이(백수·白首)가 도로 아이가 되는(환동·還童) 술이라는 의미만큼이나 귀한 술이었다.

실제로 향온주나 백수환동주를 마셔 보면 향이 기막힌다. 녹두로 만든 전용 누룩을 사용하는 술의 특징이다. 가장 일반적으로 쓰이는 누룩의 재료는 밀과 보리이다. 이화주를 만들 때 사용하는 이화곡처럼 쌀로 누룩을 만들기도 한다. 누룩에 따라 술맛은 다양하게 변화하기 마련인데, 녹두는 그만큼 귀한 술을 만들 때 쓰였다.

누룩은 전통주의 고유한 재료다. 우리 술이 발전하려면, 누룩 연구가 선행되어야 한다. 녹두누룩 또한 우리 술을 세계의 다른 술들과 차별화하는 가장 좋은 재료다. 향온주가 서울시 무형문화재로 지정된 것은 우연이 아니다.

다양한 과일 향과 꽃 향이
전통주의 매력

　누구나 술을 빚을 수는 있지만, 아무나 맛있게 빚지는 못한다는 말이 있다. 막걸리를 두고 하는 말이다. 나이가 조금 있다고 스스로 느끼는 분들은 기억 속 풍경을 하나 꺼내 보자. 할머니, 어머니가 술을 담그던 모습이다. 한때 집에서 빚는 술을 밀주로 취급해 단속이 나오기도 했고, 짚더미 속에 술독을 숨기는 풍경까지도 아련하지만 말이다.
　어릴 때부터 늘 봐왔던 풍경이어서인지 사람들은 술 빚는 일을 쉽게 생각한다. 막걸리가 맛있어 봤자 막걸리 아니냐는 생각도 깔려 있다. 결론부터 말하자면, 전혀 그렇지 않다. 막걸리도 술을 빚는 사람의 정성과 노력에 따라 엄청난 맛과 향의 차이가 생긴다.
　우리 민족 대대로 전해 내려오는 술은 부재료를 따로 쓰기도 하지만, 기본적으로 쌀, 물, 누룩만으로 빚는다. 이 세 가지 재료로 다양한 맛과 향을 낸다. 이 중에서 무미無味, 무색無色, 무취無臭, 무해無害한 물은 맛과 향에 큰 영향을 미치지 않는다. 쌀도 그 자체로는 향이 없는 편이다. 그럼에도 잘 빚어진 술에서는 과일 향도 나고, 꽃 향도 난다. 우리 술의 특징이자 자랑이다.

가끔 이곳저곳에서 전통주 강의를 부탁받는다. 좀 거창하게 말하자면, '전통주 인문학' 강의 요청이다. 이때 자주 이야기하는 내용이 있다. '왜 막걸리가 와인이나 맥주보다 더 고급술인가'라는 주제다. 너무 도발적인 제목 아니냐고 묻는다면, 맞는 말임을 인정한다. 도발적이고 도전적인 제목이다. 하지만 전혀 근거 없는 말은 아니며, 어느 정도 사실이다.

와인이나 맥주나 막걸리는 모두 발효주다. 똑같이 알코올 발효 과정을 거쳐 술이 된다. 하지만 재료와 제조 방법이 다르기 때문에, 완성된 술의 맛과 향은 엄청난 차이가 있다. 와인은 포도가 재료이기 때문에 완성된 술에서도 포도 향이 난다. 당연한 일이다. 보리의 싹을 틔워 말린 몰트와 다양한 향이 나는 홉을 주재료로 만드는 맥주는 곡물 맛과 함께 홉에서 비롯된 향이 특징이다. 맥주의 특별한 맛과 향을 위해서는 향을 내는 재료를 반드시 넣고 발효시켜야 한다.

전통주는 다르다. 쌀, 물, 누룩만으로 만드는데도(포도를 넣지 않아도) 완성된 술에서 포도 향이 난다. 매실을 넣지 않았어도, 잘 빚은 단양주에서는 매실 향이 난다. 화사한 꽃향기도 마찬가지다. 일부러 여러 가지 꽃을 넣어 빚는 백화주가 있긴 하지만 쌀, 물, 누룩만으로 빚어도 술에서 꽃 향이 스며 나온다. 잘 빚은 술에서만 느껴지는 맛과 향이다.

언젠가 전라북도 정읍에 있는 '한영석의 누룩연구소'를 다녀온 기억이 새롭다. 누룩명인 1호인 한영석 대표는 자신이 만든 여러 가지 누룩으로 청명주를 빚는다. 충북 무형문화재로 지정된 중원당 청명주와 구분하기 위해 '한영석 청명주'로 부른다. 당시 '한영석 청명주 10배치' 출시 준비가 한창이었다. '한영석 청명주'는 술을 빚는 순서에 따라 배치 1, 배치 2, 배치 3 등으로 구분해 상표를 붙인다. 누룩에 따라 배치가 달라지는 것이다.

그때 마셨던 청명주 한 잔의 맛과 향은 아직도 생생하게 기억에 남아 있다. 놀랄 만큼 술에서 나는 과일 향과 꽃 향이 뛰어났다. 실제로 외국의 와이너리 종사자들이 견학을 많이 온다고도 했다. 이유는 간단하다. 포도를 넣지 않았음에도 술에서 포도 향이 나는 게 궁금해서다. 실제로 프랑스팀은 올 때마다 "정말 포도를 넣지 않은 거냐?"고 묻는다고 했다. 쌀, 물, 누룩만 썼는데 과일 향이 나는 걸 그들은 도무지 이해하지 못했다고 한다.

    전통주의 다양한 맛과 향은 쌀을 가공하는 다양한 방법과 전통 누룩에서 비롯된다. 이양주 이상의 술 빚기에서 밑술을 죽으로 하느냐, 된죽 형태인 범벅으로 하느냐, 혹은 떡으로 하느냐에 따라 자두 향, 포도 향이 나기도 하고, 꽃향기를 품는 것이 우리 전통주다. 술 이름만 들어봐도 꽃 향이 드러난다. 하향주荷香酒, 백향주百香酒, 석탄향惜呑香, 감향주甘香酒가 그렇다.

금주령의 두 얼굴,
약차로 위장한 술

"전하, 송절차松節茶를 드실 시간이옵니다."

영조는 말년에 다리가 아파서 고생을 했다. 이 불편함에서 벗어날 수 있었던 건 송절차 덕분이었다. 『영조실록』엔 송절차를 마시고 나서부터 걸어다닐 수 있었다고 기록하고 있다. 여기서 말하는 송절차는 송절주松節酒다. 소나무 가지 마디를 채취해 말린 다음 빚은 술이다. 송절은 관절통, 신경통을 완화시켜 준다고 알려져 있다.

송절주를 굳이 송절차로 부른 것은 이유가 있었다. 영조는 재위 기간 대부분 금주령을 내렸다. 쌀을 주원료로 술을 빚다 보니 백성들이 먹을 식량도 부족한데 술을 마신다는 것은 말도 되지 않는 일이었다. 영조는 술을 '사람을 미치게 하는 광약狂藥'이라고 표현할 정도로 대신들이 술을 마시는 것을 경계하도록 했다.

가장 강력한 금주령은 왕위에 오른 지 31년째인 1755년 9월 8일 시행되었다. 술을 빚거나 마시는 일 자체를 금지했고, 이를 어겼다는 이유로 사형까지 집행할 정도였다. 금주령을 위반하면 유배를 보내기도 했으며 술을 마신 선비는 과거시험을 치르지 못하게 했고, 서민들은 노비가 되기도 했다.

금주령은 영조 이전부터도 간간이 시행되었다. 문제는 무슨 법이든 빠져나갈 구멍이 있다는 점이었다. 당장의 문제는 제사에 쓰는 술인 제주祭酒였다. 제사에서 술은 빠질 수 없는 항목이었다. 한때 감주甘酒(단술)를 제주 대신 올리기도 했지만 역부족이었다.

더군다나 국가적인 행사인 종묘제례엔 술을 쓰고 민간에선 술을 제주로 쓰지 못하게 할 수도 없는 노릇이었다. 더 큰 문제는 재상과 대신들은 요리조리 법망을 피해 술을 마시고 일반 백성들만 처벌을 받는다는 것이었다. 오죽했으면 태종太宗조차 "금주란 무익한 짓이다. 부호들은 금망禁網에서 벗어나고, 빈약한 자들만이 죄에 걸려든다."며 금주령 무용론을 이야기했을까.

강력한 금주령을 내렸던 영조도 재위 후반부에 이르자 조금씩 느슨해지기 시작했다. 1767년에는 종묘제례에 감주가 아닌 술을 사용하도록 허용했다. 금주령을 누그러뜨린 가장 큰 이유는 영조 자신이 금주를 지키지 못해서일 수도 있다. 건강 때문이었다고는 하지만 영조의 송절차는 약차로 위장한 술이었다. 어쩌면 술을 마시기 위한 면죄부였을 수도 있겠다. 하지만 왕이 마시는 술은 치료용이었고 백성들이 마시는 술은 처벌 대상이었다는 점이 금주령을 거두어들인 계기인 것만은 분명했다.

반대의 경우도 있었다. 세종 이야기다. 신하 하연이 "술은 오곡의 정기라 적당하게 마시고 그치면 참으로 좋은 약입니다. 정부 대신이 신 등으로 하여금 기필코 술을 드리도록 하였습니다. 엎드려 바라건대 신 등의 청을 굽어 좇으십시오."라며 청하기를 네댓 번을 하였으나 임금이 허락하지 않았다. 심지어 민의생은 눈물까지 흘렸으며, 승지들도 술을 권하였으나 임금은 거절하며 말했다. "내가 마땅히 요량하여 마시겠다."

(『조선 왕들, 금주령을 내리다』 정구선/팬덤북스)

가뭄이 심해 세종이 술을 마시지 않자 신하들이 왕에게 건강을 위해 술 마시기를 청하는 장면으로 세종에 관한 실록 기사이다. 어찌 보면 신하들도 술에 목말랐던 건 아닐까. 세종이 술을 마셔야 자신들도 비로소 술을 마실 수 있었을 테니 말이다.

    몇 개월 전, 영조가 마셨던 송절차, 아니 송절주를 빚었다. 경주 최씨 집성촌인 대구 옻골마을에 전해오는 책 『역중일기』에도 종종 등장하는 술이어서 복원해 보았다. 솔향이 은은하게 퍼지고 약간의 쓴맛이 매력적인 술이다. 한약재가 들어간 약용 술과는 또 다른 깔끔함도 있다.

2부

이야기의 보고, 전통주

전통주는 무궁무진한 이야기의 보고寶庫이다

　복지겸ト智謙은 왕건을 도와 고려 건국에 공을 세운 개국공신이었다. 나이가 들어 원인을 알 수 없는 병에 걸리자 충남 당진 면천에 가서 휴양하게 되었다. 하지만 병세는 오히려 악화되었고, 나을 기미가 보이지 않았다. 그러자 열일곱 살이던 그의 딸 영랑이 아미산에 올라가 지극 정성으로 백일기도를 드렸다. 그때 산신령이 처방을 내렸다. 아미산에 핀 두견화(진달래꽃)의 꽃잎과 찹쌀로 술을 빚되 반드시 안샘의 물로 빚어야 하며, 빚은 지 100일 후에 마시게 하고 뜰에 두 그루의 은행나무를 심어 정성을 들여야 병이 나을 수 있다고 했다.

　복지겸의 딸이 계시대로 술을 빚어 병을 고치게 되었는데, 그 술이 바로 면천두견주이다. 이 이야기에 나오는 진달래꽃, 안샘, 은행나무, 술은 모두 실제로 존재하는 것들이라 설

득력이 더 있다. 안샘은 면천에 있는 영랑 효공원에 가면 볼 수 있고, 뜰에 심은 두 그루의 은행나무는 면천초등학교에 자리를 잡고 있다. 면천두견주는 현재 면천두견주보존회에서 전통을 이어가고 있다.

음식이든 술이든 스토리를 담아야 소비자들이 관심을 가지는 시대다. 실제로 많은 술이 다양한 이야기를 담고 있다. 사람들은 전통주인 과하주와 똑같은 방식으로 발효주에 증류주를 넣어 만드는 포트와인이 생겨났다는 이야기에 흥미를 가진다. 포도 품종이나 생산 지역에 따른 와인 스토리에도 열광한다. 영국이 식민지였던 인도로 맥주를 보내려면 배에 실어서 보내야만 했다. 긴 항해에 맥주가 상하지 않게 하기 위해 방부제 역할을 하는 홉을 두 배로 넣어 맥주를 만들었다. 쓴맛이 강한 IPA 맥주 탄생 이야기다.

면천두견주처럼 전통주에도 다양한 이야기를 입히고 있다. 우리 술도 역사와 함께 이어져 왔기에 이야기가 많다. 부산 금정산성막걸리는 450여 년간 그 마을에서 만들어 온 전통 누룩을 사용한다. 누룩 만드는 법은 인근 사찰인 범어사 스님들로부터 배웠다. 당시엔 스님들이 부업으로 누룩을 만들어 판매하면서 인근 주민들까지 누룩 만들기에 동원되었다.

2부 이야기의 보고, 전통주

전라북도 완주 수왕사水王寺에서 주지 스님을 통해 전수되어 온 술은 송화백일주이다. 수왕사는 절 이름처럼 물이 좋기로 소문이 났다. 절 이름조차 물왕이절→무량이절→수왕사로 바뀌어 왔을 정도다. 이 술은 삼양주를 빚어 증류하고, 이 증류주에 송홧가루와 솔잎, 산수유, 구기자 등 약재를 넣어 100일 이상 숙성을 거쳐 알코올 함량 38%의 술을 완성한다.

하지만 아쉽게도 지금은 송화백일주를 쉽게 맛보기가 어렵다. 무슨 이유인지 특별한 행사 없이는 술을 만들지 않기 때문이다. 1994년 한국전통식품(민속주) 명인 1호로 선정된 벽암 스님(조영귀)이 직접 빚는다고 알려졌지만, 늘 만들지는 않는 모양이다.

김천의 과하주는 발효주에 증류주를 넣어 알코올 도수를 높인 다른 지역의 과하주와는 다르지만, 스토리를 담고 있어 유명해졌다. 김천지리지인 『금릉승람』(1702년)에는 금이 났기 때문에 금천이라 불렸던 과하천過夏泉 이야기가 전해 온다. 임진왜란 때 명나라 이여송 장군이 이 지역을 지나며 물을 마셨다가 중국의 과하천처럼 물맛이 좋다고 했는데, 이 물로 술을 빚으면 맛과 향이 뛰어나고 여름에도 술맛이 변하지 않는다는 이야기가 전해지고 있다.

전통주에서 스토리는 실제 매출 증가로 이어지기도 한다. 펀딩 플랫폼인 와디즈가 2023년 5월 펀딩한 전북 부안의 내변산양조장에서 만든 증류주 '백제소주'는 전국에서 740명으로부터 4천만 원의 펀딩을 받았다. 펀딩 성공 요인은 제조 스토리였다.

우리 술도 이제 스토리 마케팅에 적극 나서야 할 때다. 다행히도 우리 술은 수많은 문헌을 통해 제조법이 전해지고 있다. 제조법대로 재현을 해내든, 아니면 시대에 맞게 재해석을 하든 무궁무진한 스토리를 통해 차별화를 이뤄낼 수 있다. 이런 스토리는 전통주 붐을 활성화할 지름길이기도 하다.

최근 젊은 양조인들이 양조장을 설립하면서 전통주도 새롭게 변신하고 있다. 맛과 향이 뛰어난 제품뿐 아니라 술병이나 라벨도 세련되고, 마케팅에도 수많은 이야기를 담기 시작했다. 젊은 층에서 전통주 바람이 불고 있는 것도 술에 스토리를 입히고 기존의 전통주와 차별화한 덕분이다.

고문헌 속
우리 술 이야기

옛날 윤 공도와 맹 작재란 사람이 이 술을 오래 먹으니 나이가 삼백이 되도록 살고, 아들을 서른씩 낳았다.

1837년 한글로 편찬된 술 제조 비법서인 『양주방』에 수록된 오가피술에 대한 설명이다. 『양주방』은 언제 누가 지었는지 정확히 알려진 바는 없지만, 순 한글을 흘려 쓴 글씨로 소국주, 삼해주, 청명주, 백화주, 녹파주, 과하주, 석탄향, 구기자술 등 72개 항목의 술 빚는 법만 실어 놓은 책이다. 술 빚는 법뿐만 아니라 술의 효능에 대해서도 재미있게 묘사하고 있다.

이 술을 여러 해 먹으면 흰 머리가 도로 검어지고 빠졌던

이가 다시 나고, 있는 방안에 빛이 나고 점점 밝아진다.

창포술에 대한 설명이다. 당시만 해도 술을 약으로 마시는 경우가 많았던 모양이다. 창포와 창출, 솔잎, 오미자 등 약재를 넣어 술을 빚고, 이 술을 마시면 어느 병에 도움이 되는지를 써 놓고 있다.

이와 같이 술 빚는 법을 수록해 놓은 문헌은 『양주방』 외에도 많다. 『규합총서』, 『산림경제』, 『임원십육지』, 『음식디미방』, 『동의보감』에도 술 방문이 실려 있다. 때로는 술 빚는 법뿐 아니라, 술과 관련된 다양한 내용까지 포함하는 경우도 있다. 『동의보감』에서는 '술이 깨고 취하지 않는 법'이 소개되어 있다.

밀실 안에서 뜨거운 물로 세수하고 머리를 수십 번 빗질하면 깨고, 소금으로 이를 닦고 더운 물로 양치하면 세 번만 해도 통쾌하여진다.

현대사회에서는 알코올에 소금이 들어가면 물이 된다는 과학적 원리로 설명할 수 있겠다.

모든 술이 깨고 병에 들지 않게 하는 약방문도 있다. 신선불취단과 만배불취단이다. 갈근, 백복령 등 여러 약재를 넣어 만든 신선불취단은 한 알을 더운 술에 씹어 삼키면 열 잔을 마셔도 취하지 않는다고 한다.

술을 마신 후 먹어서는 안 되는 음주금기飮酒禁忌도 있다. 막걸리를 마시고 국수를 먹으면 기운 구멍이 막히고, 취한 뒤 바람맞이에 누우면 끝이 그릇된다고 했다. 술 마신 뒤 몹시 목마르더라도 찬물을 먹지 말아야 하니, 찬 기운이 방광에 들어가면 치질, 소갈증이 생긴다고도 했다.

술 끊는 방문이 적혀 있다는 점도 흥미롭다. 단주방斷酒方이다.

> 우물에 거꾸로 난 풀을 물에 달여 먹이면 즉효가 나고, 또 댓잎 위에 있는 이슬을 술에 섞어 먹이면 신효하다.

다만, 먹는 사람에게는 이를 알리지 말아야 한다고도 적었다. 예나 지금이나 술을 마시고 꽤나 속을 썩였는가 보다.

또 『고려대규합총서』엔 술맛이 아름답고 사나움으로써 주인의 길흉을 안다고 하였고, 술맛이 시고 나쁘면 주인집에

근심이 생긴다고 했다. 예전엔 양반의 역할 중 가장 중요한 것이 조상의 제사를 받들어 모시고, 찾아오는 손님을 대접하는 것이었다.

당시엔 곳곳에서 모여드는 손님들이 중요한 소식통이자 돈 되는 최신 정보를 가진 정보원이었다. 여러 사람으로부터 다양한 정보를 접하다 보니 항상 앞서갈 수밖에 없는 구조였다. 당연히 술맛이 나빠지면 과객이 줄고, 최신 정보도 얻을 수 없으니 주인집엔 근심이 생기는 것이다.

재미있는 이야기
가득한 전통주

가을 7월 첫 원숭이날申日에 꽃을 따서 한 되를 그늘에 말려 8월 첫 닭날酉日에 맑은술 한 말에 담갔다가 7일 뒤에 먹는다. 이 술을 먹으면 늙지도 않고 죽지도 않아 참으로 이상한 약이다. 오래 두고 먹은 사람이 삼백 몇 살이나 되었으되, 얼굴빛이 16~17살쯤 된 소년 같다고 한다.

『양주방』에 기록된 구기자술 이야기다. 『양주방』은 다른 고조리서들과 달리 음식 이야기는 없고, 술 빚는 법 72항만 실려 있는데 구기자술 방문은 맨 마지막에 나온다. 오랫동안 구기자술을 먹으면 삼백 살을 살고 얼굴은 소년 같다니, 이 술을 마시지 않을 수가 없겠다.

재미있는 것은 이 술이 구기자 열매로 담그는 술이 아니라, 구기자 꽃으로 빚는 술이라는 사실이다. 술 빚는 법을 포함하고 있는 고서古書는 이처럼 거짓말 같은 이야기도 많이 수록하고 있어 재미를 더해 준다.

경북 의성 김씨 종가에 전해져 내려오는 고조리서인 『온주법蘊酒法』에도 구기자주가 등장한다. 『온주법』은 특히 술 담그는 법에 대한 비중이 크다. 이 책에 기록된 음식은 총 56항인데, 이 중 44항이 술과 관련된 것이고, 누룩 만드는 법 2항도 포함되어 있다. 『온주법』의 구기자주는 『양주방』보다 더 극적인 표현을 쓴다.

겨울 10월 첫 해일亥日에 열매를 따 한 되를 그늘에 말렸다가 11월 첫 자일子日에 한 말 술에 담갔다가 7일 안에 먹는다. 13일 동안 먹으면 몸이 가벼워지고 기운이 씩씩해지며, 100일을 먹으면 얼굴이 충만해지고 백발이 다시 검어지며 얼굴이 좋아져서 건강이 최상이다.

이 술에 다음과 같은 이야기도 덧붙였다.

한 선비가 길에서 보니 예닐곱 살 먹은 어린아이가 80~90

세 먹은 백발 노인을 때리거늘, 선비가 물어 말하기를 '너는 한 어린 여자애일 뿐인데 어찌 노인을 때리느냐?' 하니, 그 아이가 대답하기를 '이 아이는 나의 세 번째 아이인데, 약을 먹을 줄 몰라 먼저 늙은지라 괘씸해하고 있다.' 선비가 말하기를 '그대 나이가 몇 살인가?' 대답해 말하기를 '395세다.' 선비가 몹시 놀라 장생불사의 약을 물어보니, 그 여자가 구기자법을 가르쳐주어 돌아가서 같이 하였다. 나이가 삼백이 되어도 늙지 않았다.

이처럼 예전에는 건강을 유지하거나 병을 치료하는 목적에서 한약재를 부재료로 사용한 약용약주를 많이 빚었다. 집안 대대로 전해 내려오는 술인 가양주도 건강을 보완할 수 있는 약재를 넣어 빚어 왔다. 그 집안의 가양주를 보면, 집안의 병력까지 짐작할 수 있다는 말도 있다.

최근에는 약재를 넣은 술이 많지 않다. 특히 젊은 층에서는 술에서 나는 한약재의 향을 좋아하지 않기 때문이다. 어찌할 수 없는 노릇이다. 그렇다고 해서 약용약주의 재미있는 이야기까지 버릴 필요는 없다.

128개 고문헌에 기록된 우리 술의 주방문을 조사한 후,

3,500개 술 레시피를 데이터베이스화해 '한국술 고문헌 DB' 사이트로 공개한 한국술문헌연구소 김재형 소장의 말이다.

"옛것에서 새것을 배우려면 우선 옛것을 올바로 알아야 하지 않겠습니까."

음식디미방의
술 이야기

경북에는 음식과 술을 다룬 유명한 고서가 몇 종 있다. 안동의 대표 전통조리서인 『수운잡방需雲雜方』, 영양의 『음식디미방』, 의성 김씨 『온주법醞酒法』, 상주 지역에서 전해 내려오는 『시의전서是議全書』 등이다. 이 책들은 요리책이지만 많은 부분에서 술을 다루고 있다.

조선 초기인 1540년, 탁청공 김유가 저술한 요리책 『수운잡방』에는 음식 조리법 121가지와 함께 술 빚는 법 61개 항목이 실려 있다. 의성 김씨 종택에 소장되어 있는 『온주법』에는 총 56항 130종의 음식이 기록되어 있는데, 이 중 44항(57종)이 술에 관한 내용이며 누룩 만드는 법 2항도 포함되었다. 『시의전서』는 19세기 말엽의 요리책으로 조선 후기 한국 음식을 조리법에 따라 잘 정리해 편찬했다. 여기에는 17종의 술 빚는 법도 함께 수록되어 있다.

　『음식디미방』은 한글로 쓴 최초의 조리서로 가장 잘 알려져 있다. 1670년 무렵, 정부인 안동 장씨 장계향이 쓴 것으로, 146종의 음식 조리법이 수록되어 있으며, 책 후반부에는 삼해주, 이화주, 소곡주, 두강주 등 54개 항목의 술 이야기가 실려 있다.

　한국가양주연구소 류인수 소장이 연구한 자료를 바탕으로 『음식디미방』에 기록된 술 이야기를 다뤄 본다. 『음식디미방』 속 술 이야기는 책 서두부터 등장한다. 내용이 흥미롭다. 술을 빚을 때 주의해야 할 사항이다. 그때나 지금이나 술을 빚을 때는 소독이 최우선이다. 발효 환경은 효모뿐 아니라 다른 잡균들도 좋아하는 환경이기 때문에, 조금이라도 소독을 소홀히 하면 술이 상한다. 책에서는 술독을 소독하는 방법을 구체적으로 묘사하고 있다.

　우선 술독의 안과 밖을 잘 씻은 후 청솔가지를 넣고 거꾸로 엎어서 찐 다음 식혀서 술을 넣어야 한다고 기록했다. 다른 용도로 사용하던 독은 물을 부어 여러 날 우려낸 다음에 청솔가지를 넣어 찐 후 사용해야 한다고 했다. 또 날이 추울 때는 엮은 짚으로 독을 둘러싸 옷을 입히고, 술독은 땅바닥에 두지 말고 널빤지나 상 위에 높이 올려두라고 제시했다.

　삼해주, 삼오주 빚는 법과 이화주 빚기 등 다른 문헌에도 자주 등장하는 전통적인 술 빚기도 기본적으로 다루고 있다. 이 외에도 술의 색깔이 좋아 붙여진 술 이름도 여럿 등장한다. 죽엽이 들어갔을 것으로 짐작되는 죽엽주에는 사실 대나무 잎이 들어가지 않았다. 대나무 잎처럼 술빛이 맑고 향기롭다고 하여 붙인 이름이다. 유하주流霞酒는 술빛이 흐르는 노을 같다고 하여 붙여진 이름이다.

　『음식디미방』에 나오는 일일주一日酒는 하루 만에 완성해 마시는 술이다. 조선 시대 양반의 중요한 덕목이 찾아오는 손님을 정성껏 대접하는 것이었다. 접대에는 반드시 술이 따랐는데, 술이 떨어진 상황에서 갑자기 손님이 찾아오면 큰일이었다. 이럴 때 유용하게 사용한 술이 일일주다. 책에서는 일일주를 "아침에 빚어 낮에 쓰고, 낮에 빚어 저녁에 쓰나니라"고 표현했다.

　빨리 마시기 위해서는 몇 가지 특별한 방법을 써야 했다. 우선 좋은 누룩 두 되와 좋은 술 한 사발을 물 서 말에 섞는다. 여기서 '좋은 술'이란 발효주를 말한다. 발효주는 효소뿐 아니라 이미 증식된 효모가 있어 발효가 빨라지고, 알코올이 잡균의 침입을 막는 역할도 한다. 또한 고두밥의 온기가 남아 있을 때 물누룩과 혼합해 발효시키는 것도 온도를 높여 당화와 발효를 앞당기기 위한 방법이었다.

일일주와 비슷한 시급주時急酒도 있다. 끓였다가 식힌 찬물에 좋은 탁주를 넣어 혼합해 만드는 술이다. 이 역시 좋은 탁주 속 효모와 효소를 활용해 빠르게 발효시키는 방식이다.

술 빚기는 철저한 과학이다

"세상은 발효의 시대로 옮겨가고 있다."

발효식품 예찬론자였던 미래학자 앨빈 토플러Alvin Toffler의 말이다. 그는 『부의 미래』라는 저서에서 제1의 맛인 소금, 제2의 맛인 양념의 시대를 지나 제3의 맛인 발효가 세계를 사로잡을 것이라고 예견했다. 그의 예견대로라면 우리나라는 이미 발효 선진국이다. 김치, 장류, 전통주, 젓갈, 식초 등 다섯 가지 대표적인 발효식품이 있기 때문이다.

이 중 전통주 빚기는 철저하게 과학적인 이론을 바탕으로 한다. 술 빚는 곳곳에 과학이 숨어 있다. 정확히 이야기하자면 발효 과학이다. 전통이라는 이름 아래 우리 조상들은 구체적인 과학적 원리는 몰랐어도 수백 년간 경험적으로 술 빚기를 이어 왔다.

발효는 효모 등 미생물이 산소가 없는 상태에서 유기화합물을 분해하여 알코올, 이산화탄소 등 에너지를 얻는 과정이다. 먼저, 누룩 속의 효소와 효모가 알코올을 만들어 내는 과정을 살펴보자.

술은 효모가 만든다. 효모가 당을 먹고 알코올과 탄산가스를 만들어 내는 것이 알코올 발효이다. 전분 분해 효소가 쌀의 전분을 당으로 바꿔 주면 효모가 이 당을 소비하고 알코올을 만들어 낸다. 이때 발생하는 탄산가스를 활용해서 탄산막걸리를 만들어 낼 수도 있다. 발효 과정에서 자연스럽게 생기는 탄산을 이용하는 것이다.

한국의 전통주는 쌀과 누룩, 물 등 세 가지 재료만으로 아주 복잡하면서도 다양한 맛과 향을 낸다. 포도를 재료로 사용하지 않았음에도 과일 향이 나고, 때로는 꽃 향도 난다. 똑같은 재료로 만들지만 일본의 사케가 담백하고 깔끔한 맛이 특징이라면, 우리 전통주는 복잡하면서도 아주 풍성한 맛을 낸다. 술 빚기에 어떤 과학적인 원리가 숨어 있는 걸까.

쌀의 바깥 부분은 전분질 외에도 단백질, 지방, 무기질 성분이 있다. 이 부분을 깎아 내면 심백心白이라는 쌀알 안쪽의 순수 전분질만 남게 된다. 사케는 심백 부분을 사용해 술을 빚어 깔끔한 맛을 지향한다. 그렇기 때문에 술의 재료인 쌀을 얼마나 깎아 냈느냐에 따라 등급을 나눈다. 많이 깎을수록 사케의 가치가 높아진다.

쌀의 겉 부분을 깎아 내는 것을 정미精米라고 한다. 정미율은 이렇게 깎아 내고 남은 비율이다. 일반적으로 정미율이 50% 이하일 경우 다이긴조(大吟釀)라고 해서 고급 사케로 분류한다. 사케가 쌀을 깎아 내고 만드는 데 비해 한국의 전통주는 쌀알 바깥쪽의 단백질과 지방, 무기질을 잘 활용하는 경우다. 우리 술은 쌀을 깎아 내는 대신 깨끗하게 씻고 술을 빚는다. 발효 과정에서 단백질은 아미노산으로, 지방은 지방산으로 바뀌는 데 이들이 오히려 술의 풍미를 높이는 데 도움을 준다.

우리 전통주 빚기에 숨은 과학은 물누룩인 수곡을 만드는 과정에도 들어 있다. 단양주를 빚을 때 사용하는 수곡은 누룩을 사용하기 전에 물속에 3~5시간 담가 둔다. 바짝 말라 있는 누룩 속 미생물을 미리 활성화하기 위해서다. 알코올을 만들어 내는 누룩 속의 효모는 본격 활동에 앞서 8시간 정도의 잠복기를 거친다. 이 시기가 술 빚기에서 외부 잡균에 노출될 수 있는 가장 취약한 시기다. 결국 수곡을 만드는 이유도 이 잠복기를 줄여 효모가 더 빠르게 알코올을 만들어 내게 하기 위해서다.

 쌀을 다양한 방법으로 가공해서 술을 빚는 것도 술의 맛과 향을 다양화하고 좋게 하는 방법이다. 밑술을 죽이나 범벅, 떡 등의 방법으로 빚어 술의 맛과 향을 살려 놓고, 마지막 덧술에 고두밥을 넣어 주어 알코올 도수를 올려 준다. 하나의 술을 만드는 과정에 여러 가지 쌀의 가공 방법을 써서 다양한 풍미를 내는 것이 우리 전통주의 매력이다.

 어쨌든 이젠 과학을 빼놓고 우리 전통주의 발전을 이야기할 수 없는 시대다. 전통주의 세계화 가능성이 높은 것도 우리 술이 과학적인 알코올 발효 과정을 거쳐 만들어지는 술이기 때문이다. 앨빈 토플러의 말처럼 이제는 발효식품의 시대, 발효술의 시대가 오고 있다.

고조리서에 왜
술 빚는 법을 실었을까

경북 상주시농업기술센터에서 주관하는 '2024년 전통식문화 계승활동 지원 전통주 빚기 이론 및 실습 교육' 강의를 맡아 진행했다.

교육 장소인 상주시농업기술센터 1층 전통식문화체험교육관 입구에는 눈길을 끄는 특별한 전시물이 있다. 『시의전서是議全書』이다. '바로잡아 기록한 책'이라는 뜻의 『시의전서』는 조선 후기 상주 지역 반가 음식에서부터 왕실 음식까지 기록해 놓은 음식 백과사전이다. 1919년, 상주 군수로 부임한 심환진沈晥鎭이 반가에 소장되어 있던 음식 책을 빌려 상주군청의 괘지에 필사한 것이다.

모두 422가지의 음식이 소개되어 있는데, 음식 외에도 소국주, 과하주, 방문주, 벽향주碧香酒, 녹파주綠波酒, 성탄향聖嘆香

등 총 17가지 종류의 술과 술 빚기 피하는 날, 신 술 고치는 법 등이 수록되어 있다. '비빔밥'이 한글로 표기된 최초의 조리서로도 알려져 있다. 그래서인지 상주시에서도 '시의전서 상주비빔밥 요리경연대회'를 개최하고, 상주시농업기술센터가 '시의전서 발전방안 심포지엄'을 여는 등 노력을 계속해 오고 있다. 또 책에 나오는 음식을 복원해 일반 식당에 보급하는 사업도 병행해 오고 있다.

『시의전서』 내용을 기반으로 지역 특산물을 이용한 메뉴를 개발하고, 기술 전수 교육을 하기도 했다. 아마도 교육관 앞 전시의 의미도 전통식문화의 전승 및 보급과 지역 향토 음식의 상품화를 지원하기 위함이 아닐까 싶다. 다만, 한 가지 아쉬운 점도 있다. 고문서 『시의전서』에 수록된 전통음식의 계승과 보급뿐 아니라, 함께 실려 있는 17종의 술에 대한 재현도 이루어진다면 금상첨화 아니겠는가 싶다.

예로부터 음식과 술은 떼어놓을 수 없는 관계였다. 조상의 제사를 받들어 모시고, 집으로 찾아오는 손님을 극진히 대접하는 것이다. 조선 시대 양반가에서 가장 중요한 실천 덕목이었다. 특히 종가에서는 가문의 위상과 직결되는 문제여서 손님을 소홀히 대접하는 경우는 거의 없었다. 손님 접대는 음식뿐 아니라 술까지도 포함되었다. 당시엔 사대부 집안뿐 아니라 민가에서도 술은 기본적인 과제였다. 집집마다 가양주가 발전한 이유이기도 하다. 고조리서『시의전서』에도 음식뿐 아니라 다양한 술 빚는 법이 실려 있다.

음식과 술을 함께 수록할 수밖에 없었던 이유 중에는 접빈객 문화와 더불어 반주飯酒 문화를 빼놓을 수 없다. 반주는 식사(주로 저녁 식사) 전이나 식사 도중에 한두 잔 마시는 술이다. 식욕을 돋우고 피로를 풀어주려는 뜻이었다. 식사 후 소화를 도와주는 효과도 있다. 매 식사 때마다 술을 곁들이다 보니 반주용으로 내는 술은 집에서 빚을 수밖에 없어 자연스럽게 가양주가 발달했다. 양반가에서부터 일반 백성들의 민가에 이르기까지 집집마다 술 빚는 법을 가지고 있었고 고조리서에도 싣게 된 것이다.

당시에는 술 빚는 일은 여성들이 맡았다.『음식디미방』처럼 여성이 쓴 조리서는 며느리 혹은 딸에게 음식 만드는 법과 술 빚는 법을 전해주기 위해 필사한 경우가 많았다. 수운잡방 같은 남성들이 쓴 조리서에도 술 빚는 법은 당연하게 포함되어 있다. 이는 유교문화와 더불어 제사를 모실 때 필수적으로 술이 있어야 하기 때문이었다.

고조리서에 음식 외 다양한 술 빚는 법을 함께 실어 두었듯이 『주방문酒方文』, 『역주방문曆酒方文』, 『침주법侵酒法』 등 술 만드는 방법만 다룬 책에도 다양한 음식 조리법이 함께 수록되어 있다. 고조리서에 수록된 음식뿐 아니라 술도 현대적인 감각으로 재현하고 제대로 복원해야 하는 까닭이다.

좋은 술은
좋은 물에서 나온다

"술 빚을 때 어떤 물을 쓰는 것이 가장 좋은가요?"

전통주 교육을 할 때 흔히 듣는 질문으로, 술을 만들 땐 누구나 물의 중요성을 인식하고 있다는 반증이다. 특히 술의 재료 중에서 가장 큰 비중을 차지하는 요소가 물이다 보니 그럴 수밖에 없을 것이다.

좋은 술은 좋은 물에서 나온다. 당연한 말이다. 그래도 우리나라에선 술을 빚을 때 물 걱정을 거의 하지 않는 편이다. 물이 좋기 때문이다. 수돗물도 깨끗하고 지하수도 구하기 쉽다. 게다가 2천~3천 원이면 2L짜리 생수 여섯 병 한 묶음을 살 수 있을 정도 아닌가. 전통적인 방법으로 우리 술을 빚을 때는 쌀과 물, 누룩이 주원료다. 제대로 빚은 전통주의 매력은 이 세 가지만으로도 과일 향과 꽃 향이 풍부하다는 점이다. 좋은 물로 술을 만들었을 때 더욱 그렇다는 뜻이기에, 물이 무엇보다 중요하다는 것은 두말할 나위 없다.

   역사적으로 전통주를 빚을 때 가장 많이 사용한 물은 탕수湯水였다. 누룩과 익힌 쌀을 혼합해 발효시키는 과정에서 알코올이 생기기 전까지는 외부 잡균에 오염되기 쉽다. 그래서 소독 도구가 마땅치 않았던 옛날엔 끓였다가 식힌 물을 사용하는 게 가장 안전한 방법이었다. 술이 익고 나서 원주에 첨가해 알코올 도수를 낮출 때도 끓였다가 식힌 물을 썼다. 요즘이야 술 빚는 도구나 장비를 소독하는 용액이 다양하고 구하기도 쉬운 편이다. 급하면 약국에서 소독용 에탄올을 구할 수도 있다.

   술을 빚을 땐 새벽이슬이 내리기 전에 길어 온 맑은 우물물인 정화수도 많이 쓰였다. 정안수라고도 불리는 이 물은 아마도 밤새 찌꺼기들이 가라앉아 비교적 깨끗한 상태였을 것으로 짐작된다. 서쪽에서 시작해 동쪽으로 흐르는 서출동류수西出東流水도 흔히 쓰는 물이었다. 1837년에 편찬된 한글 술 제조 비법서인 『양주방釀酒方』에는 창출술을 담글 때 '동으로 흐르는 물'을 사용하라고 기록돼 있다. 이는 해가 뜨는 방향인 동쪽이 길한 기운을 지닌 방향이라 여겼던 명리命理 사상과도 관련이 있다.

　전북 완주군 수왕사水王寺에는 주지 스님들에게만 전수되어 오는 술이 있다. 바로 송화백일주松花百日酒다. 솔잎과 송홧가루, 약초 등을 넣어 100일 동안 발효와 숙성을 거친 뒤 증류한 소주를 다시 100일간 숙성시킨 술이다. 이 술을 빚을 때 사용하는 물은 수왕사 경내 바위틈에서 흘러나오는 석간수石間水다. 송화백일주를 맛본 사람들 대부분은 물이 좋기 때문에 술맛도 뛰어나다고 말한다.

　좋은 물이 좋은 술을 만든다는 믿음은 산동추로백山東秋露白이라는 술을 탄생시키기도 했다. 『동의보감』에는 이 술이 향기롭고 차가운 맛을 지닌다고 기록돼 있다. 가을 이슬을 받아 빚은 술이다. 물이 경수硬水(hard water)인지 연수軟水(soft water)인지도 술 빚기에서 중요한 요소다. 유럽엔 칼슘과 마그네슘 등 미량 원소가 많은 경수가 대부분이다. 흔히 미네랄 워터로 불리는 물이다. 맥주가 발달한 이유도 홉의 강한 향으로 물맛을 감출 수 있었기 때문이다. 아니면 수분이 많은 포도를 사용해 와인을 만들기도 했다.

　유럽에서 물이 좋은 지역은 맥주로 유명하다. 반면 우리나라의 물은 단물이라고도 하는 연수다. 발효주 제조에 적합한 물이다. 철이나 황산염 성분이 많은 물로 술을 빚으면 쓴맛이 난다. 유럽에서 발효주보다 위스키나 브랜디 같은 증류주와 과실주가 발달한 이유다.

    우리 전통주에는 유독 좋은 물과 연관된 술이 많다. 물이 좋은 지역에서 명주가 탄생했기 때문이다. 김천의 과하주도 그 예다. 임진왜란 때 명나라의 이여송 장군이 이 지역을 지나며 물을 마셨는데, 중국의 과하천처럼 물맛이 좋다고 했다. 이 물로 술을 빚으면 맛과 향이 뛰어나고 여름에도 술맛이 변하지 않는다는 이야기가 김천지리지인 『금릉승람』에 기록되어 전해진다. 충청남도 당진의 면천두견주도 마찬가지다. 반드시 안샘의 물로 술을 빚어야 한다고 전해 내려온다. 어쩌면 우리나라에 주천酒泉이라는 지명이 많은 것도, 술을 빚을 땐 좋은 물로 빚으라는 의미를 담고 있는지도 모른다.

2부 이야기의 보고, 전통주

나에게 딱 맞는
술 빚는 방법은?

    나에게 가장 적합한 술 빚는 방법이 있을까. 성격에 따라 술맛을 가장 잘 낼 수 있는 술 빚기는 어떤 방식일까. 다소 엉뚱해 보일 수도 있지만, 성격별로 어울리는 술 빚는 법이 있다. 『산가요록』(1459년), 『수운잡방』(1540년), 『음식디미방』(1670년), 『온주법』(1700년대), 『증보산림경제』(1766년), 『규합총서』(1809년), 『임원경제지』(1800년대 초), 『시의전서』(1800년대 말) 등 수많은 고문헌에 술 빚는 법이 실려 있다. 박록담 한국전통주연구소 소장이 쓴 『한국의 전통주 주방문』에는 총 523종의 술을 담는 방법 1,083가지가 수록돼 있을 정도다.
    이처럼 다양한 술 빚는 방법 중에서 나에게 가장 적합하고, 또 내가 가장 잘 빚을 수 있는 방법은 무엇일까. '우리 술 맛있게 빚기' 교육을 하다보면 수강생의 성격에 따라 자신에게 맞는 술 빚기 방식이 있다는 것을 느낄 수 있다. 그렇다면 맛과 향이 뛰어난 술을 빚기 위해 나는 어떤 방식을 선택하는 것이 좋을까.

술을 빚는 횟수에 따라 나누면 기본적인 삼양주三釀酒 빚기부터 이양주, 단양주까지 다양하다. 여기에 이양주 이상의 술을 빚을 때는 밑술 과정에서 여러 가지 방식으로 쌀을 가공하기도 한다. 죽과 범벅은 가장 많이 쓰이는 방법이며, 구멍떡을 삶아 으깬 뒤 누룩과 혼합해 밑술을 만들기도 한다. 때로는 백설기를 찌기도 한다. 대부분 쌀을 가루로 만들어 밑술을 빚지만, 고두밥을 쪄서 술을 만드는 경우도 있다.

누룩에 따라 맛과 향이 달라지기도 하고, 물을 얼마나 사용하느냐에 따라서도 술맛이 달라진다. 이처럼 다양한 술 빚기 방법 중에서 각자 자신에게 맞는 방식을 찾는 것이 맛있는 술을 빚는 가장 좋은 방법이다. 예를 들어, 술을 세 번 빚어 완성하는 삼양주와 고두밥을 쪄서 식힌 뒤 누룩과 혼합해 한 번에 발효시키는 단양주를 비교해 보자. 얼핏 보면 세 번이나 빚는 삼양주가 훨씬 어렵고 힘들어 보이지만, 실제로는 단양주가 더 어려운 술이다. 맛과 향을 제대로 내기가 쉽지 않기 때문이다.

삼양주는 밑술 한 번과 덧술 두 번으로 완성된다. 밑술에서는 효모를 증식시키는 것이 목적이기 때문에 하루에 두 번씩 술 단지를 저어주며 산소를 공급해 준다. 효모는 산소가 있는 호기성 환경에서 증식하기 때문이다. 1차 덧술도 효모의 확대 배양이 목적이므로 역시 저어준다. 알코올 생성은 고두밥을 해 넣는 마지막 2차 덧술 이후에 이루어진다. 밑술과 1차 덧술에서 충분히 효모를 증식시킨 후, 2차 덧술에서 고두밥을 넣으면 효모가 여기서 나온 당을 먹고 알코올을 만들어 낸다. 발효와 숙성에 시간이 오래 걸리지만 삼양주는 웬만해선 실패하지 않는 술 빚기 방법이다.

반면 단양주는 효모 증식 과정이 없다. 누룩에 포함된 효모만으로 발효시켜야 한다. 발효 시작 후 5일쯤 지나면 걸러 마실 수 있어 간단해 보여도 실상은 가장 실패율이 높다. 따라서 단양주는 차분한 성격의 사람에게 적합하다. 덜렁대는 성격의 사람이 단양주를 빚으면 실패하기 쉽다. 이런 유형의 사람은 삼양주를 빚는 편이 낫다.

이화주와 동정춘처럼 술 빚는 방식이 까다롭고 정성이 많이 들어가는 술도 차분한 성격의 사람에게 잘 맞는다. 급한 성격의 사람은 술을 빚는 도중 단지를 팽개치고 나갈지도 모른다. 다혈질이고 급한 성격이라면 밑술을 범벅으로 빚는 방식이 잘 맞는다. 죽으로 밑술을 빚는 방법은 자칫 태우기 쉬워 세심한 주의와 관리가 필요하다. 하지만 술을 빚을 때 성격보다 더 중요한 건 결국 정성이다. 비단 술 빚기뿐이랴.

| 과유불급,
| 부재료를 넣은 술 빚기

경북 상주에서 전통주 교육을 맡은 적이 있다. 상주시농업기술센터에서 전통식문화 계승활동 지원 사업의 일환으로 여러 가지 전통주 빚기를 진행했다. 교육 시작 전 농업기술센터 측과 협의하는 과정에서 특별한 주문이 있었다. 상주 지역에서 많이 생산되는 샤인머스켓을 넣은 술을 개발해 달라는 요청에 과일을 구입하고, 삼양주부터 빚었다. 샤인머스켓은 일정한 당도와 수분을 지니고 있어 이를 고려한 술 빚기를 해야 했다. 샤인머스켓의 맛과 향을 술에 제대로 담아내기 위해서는 언제, 얼마나 넣을지가 관건이었다.

전분분해효소가 쌀의 전분을 당으로 바꾸면 효모가 이 당을 먹고 알코올과 탄산가스를 만들어 낸다. 이것이 알코올 발효 과정이다. 만약 발효가 한창일 때 샤인머스켓을 넣으면, 탄산가스가 배출되면서 향도 함께 빠져나간다. 따라서 부재료의 향을 살리기 위해서는 발효가 끝난 뒤에 넣는 것이 핵심이다.

세 번 빚어 삼양주를 만들고 24℃에서 한 달간 발효했다. 샤인머스켓의 생즙을 짜내 술에 넣었다. 더 좋은 방법은 술을 거른 뒤 냉장고에서 일정 시간 숙성시켜 찌꺼기를 가라앉히고, 위에 뜬 맑은 술을 따로 받아 그 술에 샤인머스켓 즙을 넣는 것이다. 수업 일정상 그렇게 하지 못해 삼양주를 거르자마자 바로 넣었다. 한 달 뒤 수강생 몇 명에게 샤인머스켓 술 상태를 물었다. 다행히도 샤인머스켓의 느낌이 살아 있었고, 맛과 향도 기대 이상이라는 평을 받았다.

이처럼 술에 특별한 향을 더하기 위해 꽃, 열매, 잎 등을 넣어 빚은 것을 가향주라 한다. 우리나라는 사계절이 뚜렷해 각 계절마다 얻을 수 있는 꽃과 과일 등 가향재가 풍부하다. 봄에는 두견주, 도화주, 송순주를, 여름에는 연엽주를, 가을에는 국화주를 빚어왔다.

재료는 제철 생재료를 넣기도 하고, 말려서 보관해 두었다가 사용하기도 했다. 말린 재료를 활용한 독특한 방식이 바로 화향입주법花香入酒法이다. 말린 꽃잎 등을 삼베 주머니에 넣어 술독 안에 매달아 향을 입히는 방식이다. 이때 주머니가 술에 닿지 않도록 끈으로 공중에 매다는 것이 포인트였다. 이틀이나 사흘이 지나면 술에 꽃이나 과일 향이 배어든다. 물론 꽃이나 열매를 술 속에 직접 넣는 방식도 함께 사용되었다.

술에 부재료를 넣을 때는 주의해야 한다. 본래의 술맛, 고유의 풍미를 위해서는 부재료를 넣지 않는 것이 오히려 나을 때도 있다. 넣더라도 아주 소량이어야 한다. 특히 약효를 위해 넣는 약용약재藥用藥材는 향이 강한 경우가 많아 주의해야 한다. 당귀처럼 향이 강한 재료는 양이 조금만 많아도 술맛을 해치고 마시기 어려워진다.

『동의보감』에 전해지는 지황주, 당귀주, 울금주 등도 마찬가지다. 약성을 살리겠다고 양을 늘리면 술맛과 향이 금세 무너진다. 과유불급, 술 빚기에서도 욕심은 금물이다. 『양주방』 등 고문헌에도 다양한 부재료를 쓴 술이 소개되어 있다. 백화주, 구기자술, 댓잎술, 매화술, 창포술, 오미자술, 오가피술 등이 대표적이다. 식용 가능한 재료는 거의 모두 술의 재료가 되었다.

요즘은 옛날과 달리, 약용약재를 넣는 목적이 대부분 맛과 향을 살리거나 건강 증진에 있다. 그렇다 하더라도 한의사나 한약사와 상담하는 것이 좋다. 건강을 위해 빚은 술이 오히려 건강을 해칠 수도 있기 때문이다. 하지만 지금까지 수많은 부재료를 넣어 술을 빚어본 결과는 의외였다. 아무것도 넣지 않고 쌀, 물, 누룩만으로 빚은 술이 맛과 향 모두 더 뛰어났다는 것이다.

  술을 빚는 사람이라면 대부분 겪게 되는 단계가 있다. 기초를 익히고 나면 여러 가지 부재료를 넣은 술을 빚어 보려 한다. 과일을 넣기도 하고, 온갖 향신료를 넣는가 하면, 약재를 넣어 술을 빚기도 한다. 이 단계를 거치고 나면 비로소 다시 기본으로 돌아가 쌀, 누룩, 물만으로 빚는 순곡주의 매력을 재발견하게 된다. 가장 단순한 재료에서 가장 깊은 맛을 내는 것이 한국 전통주의 매력이다.

약재를 넣은 술 빚기는
동전의 양면

맛과 향이 뛰어나다는 송순주松筍酒를 수시로 빚는다. 대단한 정성이 들어가는 술이다. 우선 재료인 소나무 순을 채취하고 가공하는 과정이 만만찮다. 어떤 송순을 채취하고 어떻게 가공하느냐에 따라 술의 품질이 결정된다고 할 만큼 중요하기 때문이다.

매년 4월, 봄이면 새로 올라온 송순을 채취한다. 요즘은 소나무재선충병 방제 특별법에 따라 약제를 살포하기 때문에 아무 곳에서나 송순을 따오는 건 꺼림칙하다. 대안은 항공방제로부터 안전한 지인의 소나무 농장이다. 농장에선 나무의 수형을 관리해야 하기에 어차피 송순을 따내야 한다. 채취한 송순은 먼저 송진을 없애기 위해 하룻밤 찬물에 재운다. 이후 솔잎을 모두 제거하고 찜기에 쪄낸 후 그늘에서 말려서 장만

해 두고 사용한다.

송순주는 『산림경제』, 『규합총서』, 『양주방』, 『임원십육지』, 『시의전서』 등 여러 고문헌에 술 빚는 법이 기록되어 있다. 그만큼 빚는 방법도 다양하다. 현재는 전국의 세 가문에서 제각각의 방법으로 가양주로 전승되어 오고 있다.

『양주방』에는 솔순술로 기록되어 있는데, 발효 과정에 송순과 소주를 첨가하는 혼양주법混釀酒法으로 빚는다. 『양주방』에 따르면 솔순술은 '콕 쏘게 맵고도 달고 기특하여 온갖 병이 다 나으니 부디 해 먹으라'고 했다. 그만큼 맛과 향뿐만 아니라 약효도 뛰어났음을 나타내는 설명이다.

『양주방』은 언제 나온 책이며 누가 지었는지도 알려지지 않았다. 다만 1800년대 말엽 전라도 지방의 어느 반가에서 한글로 써 낸, 술 빚는 법을 엮은 책이라 추측하고 있다. 정양완 전 한국정신문화연구원 교수(국문학자)가 쓴 글에 보면 이 책에는 모두 72항, 75가지의 술 빚는 법이 적혀 있다.

이 중엔 약용약재가 들어간 술들도 여럿 있다. 대표적인 술이 솔순술을 비롯해 창출술, 창포술, 솔잎술, 차조기술, 오가피술, 구기자술 등이다. 특이한 것은 이런 약술의 효과에 대한 설명도 곁들여 있다는 점이다. 물론 현시대의 관점에서 보면 터무니없지만, 당시 술을 약으로 마셨던 점을 감안해 보면 어느 정도 이해할 수 있는 내용이기도 하다.

흥미 있게 눈길을 모은 술의 효능을 보면 대체로 다음과 같다. 찹쌀과 메밀, 수수로 술을 빚은 뒤 증류해 소주를 내리고 여기에 약재와 꿀을 넣어 달이는 삼합주三合酒는 '더운 지방의 토질병과 습(하초가 찬 병)을 낫게 하고 기운을 내리치고 비위를 돋우는 데 좋다'고 했다. 창출술을 먹으면 '열흘 만에 온갖 병이 헐해진다'고 하며, 창포술은 얼마나 약효가 좋았던지 '늙도록 마시면 신선을 만날 수 있다'고도 했다. 조금 더 과장된 표현도 있다. 뿌리와 잎, 꽃, 열매까지 술을 빚어 마시는 구기자술을 먹으면 '늙지도 않고 죽지도 않아 참으로 이상한 약이다'고 할 정도다.

다른 고문헌에도 약재를 이용한 술 빚기는 많다. 하지만 약재를 넣어 술을 빚을 땐 주의해야 할 점이 있다. 술이 기능성 음료가 아니라는 점이다. 특히 향이 강한 약재는 조금만 과해도 마시기 거북해지는 단점이 있다. 굳이 약효를 살리자면 한의사와 상의해서 따로 달여서 마시든지 하는 방법이 훨씬 효과적이다.

최근 20대와 30대 젊은 층이 막걸리 시장에 유입되면서

각 지역마다 막걸리 양조장이 속속 들어서고 있다. 이 중에는 지방자치단체에서 예산을 투입하면서 지역의 특산물을 활용한 가공식품을 개발하기 위해 약재를 활용한 술 빚기를 시도하는 곳도 있다. 불과 5~6년 전, 지자체마다 예산을 들여 수제 맥주 양조장을 세우고 특산물을 넣은 수제 맥주 개발에 열을 올리던 모습과 흡사하다.

 그러나 약재를 포함한 특산물을 넣어 맥주를 생산하려던 계획은 오래가지 못했다. 이런 종류의 맥주는 소비자들이 한 번 정도는 맛볼 수 있어도 지속적으로 마시지는 않았기 때문이다. 더군다나 첨가하는 특산물이 약재인 막걸리라면 더욱 신중해야 한다. 요즘 프리미엄 막걸리의 주된 소비층이 20대와 30대이고, 이들은 약재의 향을 좋아하지 않는다.

여러 가지 쌀 가공법이
다양한 맛의 비결이다

얼마 전 일본을 다녀온 지인에게 '닷사이 23'이라는 사케를 선물 받았다. 사케 등급 중 최고인 준마이 다이긴조(純米大吟釀)였다. 준마이(純米)는 쌀, 물, 누룩만을 사용해 만든 사케를 뜻한다. 주정을 첨가하지 않은 술이란 말이다. 다이긴조(大吟釀)는 정미율이 50% 이하라는 의미다. 사케는 쌀을 얼마나 깎아냈느냐에 따라 등급이 매겨진다. 많이 깎을수록 술의 가치가 높아진다. 일반적으로 정미율이 50% 이하일 때 다이긴조라고 하는데, '닷사이 23'은 정미율이 23%라는 뜻이니 쌀의 77%를 깎아낸 셈이다.

쌀의 겉 부분을 깎아 내는 것을 정미精米라고 한다. 쌀의 바깥 부분에는 단백질뿐 아니라 지방, 무기질 성분이 있다. 이 부분을 제거하면 심백心白이라 불리는 쌀알의 순수한 전분질만 남는다. 사케는 이 전분만을 사용해 깔끔한 맛을 지향한다. 정미율은 쌀을 깎고 남은 비율을 뜻하며, 정미율 23%는 77%를 제거한 것이라는 의미다. 사케가 쌀을 깎아 내어 만드는 데 반해, 우리 전통주는 쌀의 단백질과 지방을 적극적으로 활용한다. 우리 전통주는 쌀을 깎아 내지 않고 깨끗하게 씻어 그대로 사용한다.

    술은 효모가 만든다. 효모가 당糖을 먹고 알코올과 탄산가스를 만들어 내는 것이 바로 알코올 발효다. 전분분해효소가 쌀의 전분을 당으로 바꾸면, 효모가 이를 소비해 알코올을 생성한다. 이 과정에서 단백질은 아미노산으로, 지방은 지방산으로 바뀌며, 이 성분들이 술의 풍미를 풍성하게 만든다. 그래서 우리 전통주는 과일 향과 꽃 향까지 느낄 수 있는 복합적이고 풍부한 맛을 낸다.

    쌀 가공법만 놓고 보면, 우리 술은 훨씬 복잡하고 다양하다. 청명주를 만들 때 쌀을 어떻게 다루는지 보면 그 차이를 알 수 있다. 예전에는 봄밭을 갈 무렵인 청명淸明이나, 절기상 비슷한 한식寒食에 성묘하며 청명주를 마셨다. 지금은 연중 생산되기 때문에 특정 절기에 국한하지 않고 마시며, 특별한 맛으로 인기를 얻고 있다.

청명주의 특별한 맛은 맑은 술빛뿐 아니라 깔끔한 신맛, 단맛, 그리고 과일 향에 있다. 『규곤요람』, 『임원경제지』, 『온주법』, 『양주방』, 『음식절조』 등 여러 고문헌에 등장하는 청명주는 독특한 쌀 가공법인 산장법酸漿法을 따른다.

청명주는 찹쌀로 빚는 이양주다. 찹쌀가루로 죽을 쑤어 밑술을 만들고, 찹쌀 고두밥으로 덧술을 한다. 고두밥을 짓기 위해서는 쌀을 오래 물에 불려야 한다. 일반적인 경우 찹쌀을 3시간 이상, 길면 하룻밤 불린다. 산장법은 오히려 일부러 쌀이 상하기 직전까지 물에 불리는 방식이다. 여름엔 3일, 겨울처럼 기온이 낮을 땐 10일 이상 불리기도 한다. 저온에서 장시간 발효하며 나오는 다양한 풍미도 청명주의 인기 요소지만, 무엇보다도 이 독특한 쌀 가공법이 핵심이다.

산장법 외에도 우리 술에는 다양한 쌀 가공법이 있다. 술 빚는 횟수에 따라 단양주, 이양주, 삼양주로 나누는데, 특히 이양주 이상의 술에서는 밑술 단계에서 쌀을 여러 방식으로 처리한다. 가장 많이 쓰이는 방식이 죽과 범벅이다. 쌀가루를 내어 뜨거운 물로 익히는 것이다. 백설기를 찐 후 멍울 없이 풀어 누룩과 섞어 발효시키는 방법도 있다. 구멍떡으로 밑술을 만들기도 하고, 고두밥을 쪄서 사용하는 경우도 있다. 이처럼 쌀을 다양한 방식으로 가공해 술을 빚다 보니, 맛과 향 또한 다양하고 복잡할 수밖에 없다. 이것이 우리 전통주의 진짜 매력이다.

전통주의 적정음주량은
어느 정도였을까

'약방의 감초'라는 말이 있다. 감초는 한약을 달일 때 탕약의 쓴맛을 줄여주는 꼭 필요한 약재이다. 중요한 약재는 아니지만 어디에나 빠지지 않는 필수 재료인 셈이다. 당연히 동양 최고의 의학 백과사전인 허준의 『동의보감』에서도 감초는 중요하게 다뤄진다. 그런데 『동의보감』에서 감초보다 더 많이 언급된 단어가 있다. 바로 '술'이다.

당시 술의 역할은 주내백약지장酒乃百藥之長이라는 말로 설명할 수 있다. 술은 백 가지 약 중에서도 최고라는 말이다. 술은 몸을 따뜻하게 하기도 하고 한약재의 약효를 빨리 흡수해서 확산시키게끔 도와주는 역할을 했다. 약으로 술을 마셨고, 약도 술과 함께 마셨다.

민가에서는 구기자나 인삼 등 한약재를 사용해서 빚은 술이 많았다. 궁중에서는 임금이 마시는 술을 진상하는 일을 담당하는 관청이 따로 있을 정도였다. 고려의 양온서나 조선의 사온서가 바로 그 관청이었다. 조선 시대 왕의 약을 조제하는 일을 관장하는 내의원에서도 술을 관리했다. 당시엔 술이 곧 의약품이었기 때문이다.

그렇다면 이렇게 약으로 마시는 술의 적정량은 어느 정도였을까? 『동의보감』에서는 술은 석 잔 이상 마시지 말 것을 주문한다. 술병이 심해지면 소갈消渴(당뇨), 황달, 폐위(폐 질환), 내치(치질) 등 다양한 질병을 일으킬 수 있다며 주의를 준다.

석 잔 이상 마시지 말라는 경고는 현대 과학으로도 증명된다. 먼저, 한 잔은 어느 정도의 술 양을 의미할까? 현대적 의미에서 한 잔의 양은 알코올 함유량으로 따진다. 세계보건기구(WHO)는 순수 알코올 양 10g을 1표준잔으로 본다. 표준잔이란 술의 종류나 잔의 크기에 관계없이 알코올의 함유량을 알려주는 단위다. 세계보건기구가 권고하는 적정 음주량은 남성의 경우 하루 4표준잔 이하, 여성의 경우 하루 2표준잔 이하다.

알코올의 양(g)은 술의 양(ml)×알코올 도수(%)×0.8(비중 변환)으로 계산한다. 따라서 알코올 도수 4.5%인 맥주 한 캔

(500ml)의 알코올 양은 18g, 알코올 도수 17%로 계산한 소주 한 병(360m;)의 알코올 양은 약 49g이다. 소주 한 병에 7잔이 나온다면 한 잔에 포함된 순수 알코올 양은 7g으로, 한국의 1표준잔=소주 한 잔의 알코올 양=7g이다.

다음 질문. "맥주 한잔하자." 할 때 맥주 한 잔의 정확한 양은 얼마나 될까? 국가기술표준원은 유리컵에 대한 표준(표준번호 KSL 2408)을 정해뒀다. 소비자에게 정확한 알코올 섭취량에 대한 정보를 제공하기 위해서다(권장사항). 맥주잔은 바닥 지름 5.5cm, 윗면 지름 6.5cm, 높이 11cm가 표준으로 용량은 225ml이다. 도수 4.5%인 맥주 한 잔의 알코올 양은 8g 정도다.

소주 한 잔의 알코올 양은 7g, 맥주 한 잔의 알코올 양이 8g이라면 전통주는 어떨까. 일반적인 막걸리의 알코올 도수는 6%이다. 반면 요즘 젊은 층으로부터 인기를 얻고 있는 프리미엄 전통주는 비교적 알코올 도수가 높다. 약주(주세법상 약주, 맑은술을 의미)의 경우 12~18%에 달하기도 해서 한 잔의 알코올 함유량은 적지 않다.

아직 소주잔이나 맥주잔처럼 대략적으로 인정하는 전통주 한 잔의 용량은 없다. 다만, 전통주가 고급화되고 알코올 도수가 높아지면서 더 이상 벌컥벌컥 마시는 술이 아니게 되었다는 데는 공감하는 편이다.

국립청주박물관에는 조선 선조 대의 정치가이자 문인이었던 송강 정철(1536~1593)이 선조에게 하사받은 은술잔이 있다. 사실 여부를 떠나 이 은술잔은 재미있는 이야기를 품고 있다. 그는 술을 너무나 좋아했고, 술 때문에 구설이 잦아 반대 세력으로부터 공격을 많이 받았다. 이를 안타깝게 여긴 선조는 그에게 은술잔을 내리며 하루 석 잔만 마시라고 명했다. 그러나 어찌 하루 석 잔에 만족하랴. 어명을 어길 수 없었던 그는 술잔을 두드려 크기를 늘린 후 사용했다고 한다.

당시 식사 때 반주로 마시는 술도 한두 잔이었다. 『동의보감』에 전하는 적정 음주량 석 잔, 선조의 어명인 하루 석 잔, 반주로 마셨던 한두 잔도 정확한 측정치는 없지만 아마도 세계보건기구가 권장하는 하루 적정 음주량 이내였지 않을까 추측해 본다.

3부

고문헌 속 전통주 이야기

술일까 음료일까,
추위 녹이는 모주

광해군 때 이야기다. 1616년 인목대비의 부친이 영창대군을 추대하려 한다는 무고를 받고 역모죄로 부관참시되었고, 인목대비의 어머니인 노씨부인盧氏夫人은 제주도로 유배를 당했다. 노씨부인은 제주도에서 생계를 꾸려 나가기가 막막했다. 술지게미를 재탕하여 막걸리를 만들고 이를 섬사람들에게 싸게 팔았다. 처음에는 왕비의 어머니가 만든 술이라고 해서 대비모주大妃母酒라 부르다가, 나중에는 그냥 모주라 줄여서 불렀다.

흔히 모주라고 하면 전주를 떠올린다. 모주는 콩나물국밥과 함께 전주의 향토음식으로 알려져 있어서다. 하지만 기원을 찾아보면 모주의 원조는 제주다. 인목대비의 어머니인 노씨부인에 얽힌 제주 대비모주의 유래는 『조선문화총화』(홍기문저, 1946년)에 기록되어 전해져 온다.

 요즘 2030 소비자들의 행동 양식인 헬시플레저 Healthy Pleasure(건강+기쁨) 트렌드에 따라 모주가 뜨고 있다. 헬시플레저는 건강을 의미하는 '헬시 healthy'와 즐거움을 뜻하는 '플레저 pleasure'의 합성어다. 맛과 건강을 모두 챙기면서 행복을 느낀다는 의미를 담고 있는 신조어다. 헬시플레저 트렌드 확산에 따라 저알코올, 무알코올, 제로슈거 Zero Sugar 주류 시장도 점차 커지고 있다. 모주가 새롭게 각광받는 이유도 헬시플레저 음주 문화에 딱 맞는 우리 술이기 때문이기도 하다.

 모주는 술을 거르고 남은 찌꺼기인 술지게미(주박·酒粕)에 물을 부어 여러 약재를 넣고 끓여서 만든다. 끓이는 과정에서 알코올은 기화되어 사라진다. 그렇기 때문에 술에 약한 사람들도 즐겨 마실 수 있는 음료다. 대추, 생강, 갈근, 통계피, 헛개나무, 감초 등 약재 외에 꿀과 배도 들어가니 따뜻한 상태의 모주 한 잔을 마시면 왠지 건강해지는 그런 맛이다. 끓이는 시간에 따라 알코올 도수 1% 이하로도 만들 수 있어 술에 약한 사람들도 부담 없이 마실 수 있다는 장점도 있다.

 들어가는 약재의 종류도 정해져 있는 건 아니다. 그때그때 상황에 따라 연잎 등 다른 재료를 넣기도 하고, 입맛에 따라 재료의 양을 조절해서 넣기도 한다. 요즘은 시판되고 있는 모주도 다양해졌다. 쌀, 물, 누룩을 사용해 이양주로 빚은 술에 여러 가지 약재와 설탕을 넣고 끓여 알코올 도수 2% 정도로 만든 프리미엄 모주까지 판매되고 있다.

    모주와 비슷하게 끓여 마시거나 중탕해서 마시는 술은 외국에도 있다. 포도주에 여러 과일과 계피를 비롯한 향신료를 넣고 끓여 만든 뱅쇼Vin Chaud를 말한다. '따뜻한(chaud) 포도주(vin)'라는 뜻의 뱅쇼는 추운 겨울 몸을 따뜻하게 유지하기 위해 마시는 저알코올 음료다. 독일에서는 글뤼바인Gluhwein, 영어권에서는 멀드 와인Mulled wine으로 부른다. 일본에도 데운 사케인 오칸이 있다. 복어 지느러미를 태워 따끈하게 데운 사케에 넣어 마시는 히레사케도 추운 겨울엔 특별한 술이다.

    겨울이면 가끔 모주를 만들어 마신다. 한국 전통주를 즐기는 회원들을 모아 모주 만들기 체험과 시음을 하기도 한다. 모주 알리기의 일환이다. 그러면서도 아쉬운 점은 있다. 흔히 외국의 술 문화에 대해서는 지나치다 싶을 정도의 관심을 두는 데 비해 우리 고유의 술 문화는 알려고 하지 않는 경향 말이다. 겨울이면 웬만한 카페에선 뱅쇼를 만들어 판매한다. 좀 더 부지런한 사람들은 집에서도 뱅쇼를 만들어 마신다. 하지만 모주는 콩나물국밥집에서나 맛볼 수 있는 술 혹은 음료로 여긴다.

    2030 소비자들은 한약재의 향과 맛을 그다지 좋아하지 않는다는 약점도 있다. 그렇지만 이는 약재의 양을 줄이거나 향이 강하지 않은 다른 재료로 대체하면 된다. 모주는 꼭 술지게미를 넣어 만들어야 하는 것도 아니다. 쉽게 구할 수 있는 막걸리에 쉽게 구할 수 있는 재료인 대추, 계피, 생강 정도를 넣고 끓여도 만들 수 있는 게 모주다.

새해 첫날
아이부터 마시는 술, 도소주

　설날 아침, 차례를 지내고 나면 아이부터 어른까지 온 가족이 동쪽을 향해 한 줄로 늘어선다. 손에는 모두 술잔을 하나씩 들고 있다. 술잔이라지만 내용물은 술이 아니다. 맑은술에 몇몇 약재를 넣고 한 번 끓여냈기 때문에 알코올은 거의 없다. 가장 어린 아이부터 시작해 나이가 많은 순서대로 마신다.

　지금은 거의 사라진 풍경이지만 1960년대까지만 하더라도 간간이 볼 수 있었던 설날 풍경이다. 이들이 마신 술은 도소주屠蘇酒였다. 도소주는 한자로 잡을 도屠, 사악한 기운 소蘇, 술 주酒를 쓴다. 뜻 그대로 사악한 기운을 때려잡기 위해 마시는 술이다. 그 당시 사악한 기운은 전염병이었다. 새해 첫날 도소주를 한 잔씩 마시고 일 년 내내 전염병의 공포로부터 벗어나려는 액땜의식이었다. 어린아이가 맨 먼저 마시는 것도 아이들이 전염병에 더 약해서다. 모두가 동쪽을 향해 앉아 마시는 건 동쪽이 해가 뜨는 방향이기 때문이었다. 새해부터 양의 기운을 듬뿍 받아 일 년을 무사히 보낼 수 있게 해달라는 기원을 담았다.

한국 전통주가 대부분 고문헌의 기록으로 전해 내려오듯 도소주를 만드는 방법도 여러 문헌에 기록되어 있다. 『동의보감』도 그중 하나다. 당시엔 술이 약으로도 쓰였다는 점을 감안하면 놀랄 일은 아닌 듯하다. 기록을 보면 도소주를 만들 때는 일곱 가지 약재가 들어간다. 대황, 백출, 산초, 길경, 천오, 호장근, 계심이다. 음력으로 12월 그믐(설 전날)에 약재를 넣은 붉은 주머니를 우물 속에 담가 두었다가 정월 초하루 새벽에 꺼내 맑은술에 넣고 팔팔 끓인 다음 식혀서 마셨다. 끓이면서 알코올을 날려버리기 때문에 아이들도 마실 수 있었다.

도소주로 한 집안의 건강만 빌었던 건 아니었다. 도소주를 마시는 것은 내 가족뿐 아니라 온 마을 사람들의 건강까지 생각하는 공동체 문화였다. 설날 아침 맑은술에 한 번 우려낸 약재 주머니는 다시 우물에 담갔다. 우물을 함께 사용하는 온 동네 사람들도 함께 건강하기를 바라는 마음이었다. 도소주가 새해 아침에 마시는 술이라면 음력으로 연말인 섣달그믐 즈음에 마시는 술인 납주도 있다.

　이처럼 예전엔 세시풍속에 따라 절기주節期酒를 빚어 마셨다. 계절마다 때가 되면 나오는 재료로 빚어 마시는 술이었다. 정월 대보름날엔 귀밝이술을 마시고 삼짇날엔 두견주, 청명에는 청명주, 단오엔 창포주, 추석 때엔 신도주, 중양절에는 국화주를 마셨다.

　액운을 물리치려 마시는 술이 도소주가 전부는 아니다. 설날부터 정월 대보름까지 이어지는 세시풍속 중 하나가 대보름날 아침 일찍 마시는 귀밝이술이다. 이명주耳明酒라고도 하는데 이 역시 어른 말을 잘 들으라는 의미에서 아이들에게도 조금씩 맛보게 했다. 맑은술 한 잔을 마시면 귀가 밝아진다는 의미였고 술이 맑을수록 효과가 크다고 믿었다. 창포주 역시 액운을 물리친다는 기원을 담아 창포 뿌리를 찧어 즙을 낸 뒤 단오 한 달 전쯤 빚었다. 술이 익으면 단오제에 쓰고 5월 내내 마셨다.

　새해가 되면 여러 가지 방법으로 한 해의 안녕을 기원한다. 국어사전에는 세시풍속을 '해마다 일정한 시기에 되풀이하여 행해 온 고유의 풍속'이라고 설명하고 있다. 이런 다양한 세시풍속 중에서 빠뜨릴 수 없는 것이 도소주屠蘇酒였다.

이 같은 세시풍속엔 사계절마다 일어나는 자연의 변화에 순응하며 살아간 조상들의 지혜가 숨어 있다. 도소주라는 세시풍속을 통해 가족뿐 아니라 이웃 간의 유대를 강화하는 공동체 문화를 배운다.

가을에 마시는 술,
신도주와 국화주

한국 전통주에는 느낌이 좋은 술 이름이 많다. 술의 맛과 향을 떠나서 이름만으로도 제값을 하는 술이다. 이런 술은 이름 자체로 특징을 잘 표현하고 있어서 문헌상 기록으로도 수백 년을 이어오고 있다.

대표적으로 석탄주惜呑酒와 백수환동주白首還童酒는 어딜 내놓아도 빠지지 않는 술이다. 이 두 종류는 술을 대하는 옛 선비들의 풍류를 대변한다고도 할 수 있다. 손님맞이로 바깥과 소통하는 수단이었던 접빈객接賓客에서도 이런 술이 빠질 수 없었다. 가난한 선비라도 접대주는 늘 갖추고 있었다.

이때 술맛이 좋으면 길한 기운이 그 집안에 깃들고, 술맛이 나쁘면 흉한 기운이 머문다고 봤다. 술맛도 좋으면서 이름까지 좋은 술은 찾아오는 손님들 접대주로 안성맞춤이었다.

이런 술 외에 접대주로 인기 있었던 술은 절기주節期酒였다. 사계절이 뚜렷한 우리나라는 절기에 따라 제때 나오는 자연 재료를 써서 술을 빚고 즐겨 마셨다.

설날 세주歲酒로 마시는 도소주屠蘇酒와 정월 대보름날 귀밝이술, 눈 내리는 풍경을 보며 마시는 매화주, 봄날의 두견주, 배꽃 필 무렵 빚는 이화주梨花酒, 청명과 한식 성묘 때 제주로 써왔던 청명주, 단오 창포주, 추석 때 신도주新稻酒, 중양절에 마시는 국화주菊花酒 등이 대표적이다.

추석 때 빚어 마시는 신도주는 햅쌀을 사용한다. 햅쌀은 초가을인 추석 즈음 그해에 생산한 첫 수확물이다. 따라서 신도주를 빚는다는 것은 한 해 술 빚기의 시작이라고 볼 수도 있겠다. 신도주는 추석 차례주로도 쓰고, 다양한 명절 행사 때 사용하기도 했다.

음력 9월 9일은 중양절重陽節이다. 이때 마시는 술은 국화주다. 중양은 양陽의 기운이 겹친다는 뜻이다. 이날 양의 기운이 강한 태양과 가까이하려 높은 산에 오르는 풍습이 있는데, 이때 야산에 핀 감국甘菊을 따와 국화전과 함께 국화주를 즐겼다.

국화주를 만드는 법은 다양하지만 기본은 화향입주법花香

入酒法이다. 채취한 국화를 음지에서 말린 후 술에 닿지 않게 단지 안에 하루 이틀 매달아 두어 국화 향이 술에 스며들게 하는 방법이다. 국화주는 고려 시대 『동국이상국집』에 수록되어 있을 정도로 역사가 오래되었다.

이후 『동의보감』뿐 아니라 『음식디미방』, 『임원십육지』, 『규합총서』 등 여러 문헌에도 등장한다. 조선 세종 때에는 퇴직 관리들을 위해 베푸는 잔치인 기로연耆老宴에서도 국화주를 이용할 정도로 대중적이었다.

욕심을 내어 국화를 많이 넣으면 술맛이 쓰기도 하거니와 신맛도 강해진다는 점을 염두에 둬야 한다. 술 빚을 땐 욕심은 금물이다. 그래도 햅쌀로 신도주도 빚어보고, 활짝 핀 국화(백국은 술맛이 쓰고 황국이 향이 좋다)를 채취해서 국화주도 빚어보자. 정월 대보름날 귀밝이술은 술꾼들이 술 마시는 핑곗거리가 되어 전통을 이어오고 있지만, 신도주와 국화주는 잊혀 가는 듯해 아쉬움이 크다.

절기주의 가장 큰 장점은 스토리텔링이다. 이만한 스토리라면 명주로서의 충분한 토대는 된 것이다. 다만 전통주의 세계화는 국내에서의 소비가 바탕이 되어야 한다. 국내 소비가 미진한데 수출이 될 리 없다. 요즘 지역 특산주 양조장이 많이 설립되고 있다. 신도주도 좋고, 국화주도 좋다. 기분 좋게 마실 수 있는 절기주를 많이 만들어 내길 기대해 본다.

조선 시대
임금도 걱정했던 술, 삼해주

술 빚는 법을 수록한 고문헌을 보면 굉장히 흥미로운 내용이 많다. 그중 하나가 정해 놓은 날짜에 술을 빚는다는 것이다. 일 년에 딱 한 번만 빚을 수 있는 술인 셈이다.

대표적인 술이 삼해주三亥酒이다. 해亥는 흔히 띠를 나타내는 12지지의 마지막 순서인 돼지를 의미한다. 따라서 삼해주는 음력으로 정월 첫 돼지날인 해일亥日 해시亥時에 술을 빚기 시작해서, 12일 혹은 36일 간격으로 돌아오는 해일 해시에 덧술을 하고, 또다시 돌아오는 해일 해시에 2차 덧술을 하는 방법으로 세 번에 걸쳐 빚는 술이다.

발효 온도에 따라 다르기는 하지만, 일반적으로 전통주에서는 밑술 이후 덧술은 이틀 혹은 사흘 간격으로 해준다. 즉, 밑술하고 난 2~3일 후 덧술을 하고, 다시 2~3일 후에 2차 덧술을 한다. 하지만 삼해주의 경우 빨라도 12일이 지나야 덧술을 할 수 있다. 덧술 시기를 늦춘다는 것은 결국 저온에서 발효를 시킨다는 뜻이다. 대부분 술을 20~25℃에서 발효시키는데, 삼해주는 10~15℃에서 발효하는 장기 저온 발효주이다.

삼해주는 저온에서 장기간 발효를 하고, 또 장기간 숙성을 해야 하는 술이다. 백일주百日酒라고 부를 정도로 술을 완성하기까지 기간이 오래 걸려 실패하기 쉬운 술이기도 하다. 그렇지만 저온 장기 발효로 색이 맑고 맛과 향이 뛰어나 조선 시대에는 삼해주 때문에 쌀의 소비가 너무 많아졌다. 게다가 삼해주를 증류한 삼해소주까지 나오면서 양반뿐 아니라 평민들까지 즐겨 마시게 되자 쌀 소비가 많다는 이유로 금주령을 내려야 한다는 상소가 많았을 정도였다.

술 문헌 전문가인 김재형 한국술문헌연구소장은 "삼해주는 조선 시대 임금도 걱정했던 술"이라고 했다. 실제로 영조 1년(1725) 이태배의 상소에 "4, 5년 전부터 경강京江(한강) 여러 곳의 부민富民은 수만여 섬의 곡식을 사들이고 강가의 백성은 전부 외상으로 곡식을 사들여 1곡斛도 도성에 들이지 않은 채 모두 술을 빚습니다."고 할 정도였다.

삼해주는 고려 시대 때부터 빚어 온 것으로 알려져 있다.

역사가 오래된 만큼 집안마다, 또 술 빚기를 기록한 문헌마다 다양한 방법으로 빚어 왔다. 1450년경 전순의가 편찬한 『산가요록』뿐 아니라 『수운잡방』(1540년)과 『온주법』, 『주방문』, 『산림경제』, 『규합총서』, 『임원십육지』, 『양주방』, 『주찬』, 『역주방문』, 『시의전서』 등 여러 고문헌에 기록되어 전해 오고 있다. 『음식디미방(규곤시의방)』에도 삼해주 빚는 법 4종이 실려 있을 정도다. 그만큼 전국 곳곳에서 오래전부터 빚어 왔던 술이라는 반증이겠다.

삼해주가 정월 첫 돼지날부터 술 빚기를 시작한다면, 비슷한 의미로 정월 첫 말의 날인 오일午日에 술 빚기를 시작하는 술도 있다. 삼오주三午酒이다. 정월 첫 오일에 술을 담기 시작해, 돌아오는 말의 날마다 덧술하여 만드는 술이다. 술 빚는 방법으로 보면 사양주인 셈이다. 그래서 사오주四午酒라고도 한다.

돼지는 예로부터 재물과 복, 건강, 다산을 의미했다. 그렇기 때문에 삼해주를 즐겨 마시는 데도 이런 의미를 담았다. 요즘은 사업 번창의 꿈을 이뤄 주는 술이라는 의미를 담고 있다. 반면 삼오주는 말이 상징하는 출세, 권력, 힘을 기원하는 의미가 있다. 재물과 건강의 의미를 담은 삼해주와 승진 혹은 성공의 의미를 담은 삼오주는 선물용으로도 훌륭한 술이겠다.

다른 상품들과 마찬가지로 술도 이야기로 마시게 되면 더 고급스러워진다. 삼해주와 삼오주처럼 언제부터, 어떻게, 왜 만들어 마시게 됐을까를 브랜드에 담게 된다면 완벽한 스토리텔링이 이루어지게 되는 것이다. 단순하게 술을 빚는 시기가 정해져 있는 절기주로 알고 있던 삼해주와 삼오주가 비로소 인문학적 술로 재탄생하게 된다. 전통주는 단순히 술에 그치는 것이 아니라 술을 빚는 문화 자체이다.

욕심을 내면
망치는 술, 애주艾酒

『수운잡방需雲雜方』은 조선 초기인 1540년 무렵 탁청공 김유가 저술한 요리책이다. 수운需雲은 격조를 지닌 음식 문화를 뜻하며, 잡방雜方은 여러 가지 방법을 뜻한다. 두 권으로 된 이 책엔 경북 안동 지역의 음식 조리법 121가지가 실려 있다. 이 중에는 술과 관련된 항목만 해도 61개에 달할 정도로 여러 가지 술 빚는 방법을 담고 있기도 하다.

이 책에 특이한 술이 소개되어 있다. 바로 쑥술인 애주艾酒다. 쑥 애艾 자를 써서 애주艾酒 혹은 애엽주艾葉酒라고 한다. '한국술 고문헌 DB'를 통해 『수운잡방』에 소개된 애주를 볼 수 있다(『수운잡방』은 한문 필사본 조리서이다). 두 번 빚는 이양주로 소개된 애주는 4월 그믐에 밑술을 빚는다. 백미를 여러 번 씻어 고운 가루를 내고 죽을 쑨 다음 이 죽이 식으면 누룩을 섞어 단지에 담아 밀봉한 후 시원한 곳에서 발효시킨다. 덧술은 며칠 뒤에 한다.

    단오 전날인 5월 4일에 참쑥 잎을 뜯어 쌀과 섞은 후 돗자리에 펴놓고 밤이슬을 맞게 한다. 다음 날인 단옷날엔 이를 밑술과 잘 섞어 손바닥 크기 정도로 떡을 만든다. 나무 발을 만들어 술 단지 중간에 걸쳐 놓고 그 위에 떡을 놓은 다음 단지를 밀봉하고 찬 곳에 둔다. 이 술은 8월 15일쯤 익는데, 나무 발 아래의 맑은 즙을 떠서 마신다고 했다. 더불어 이 술을 하루에 세 번 마시면 백 가지 질병을 치료한다고도 했다.

    『수운잡방』 외에 애주가 실려 있는 문헌은 『요록要錄』이다. 『요록』은 1680년경 조선 숙종 때 지어진 것으로 추정되는 저자 미상의 조리서이다. 역시 '한국술 고문헌 DB'를 통해 책에 수록된 애주를 볼 수 있다. 단양주로 소개된 애주는 단오 전날인 5월 4일 쌀을 씻어 불리고, 쑥을 자리에 펴서 하룻밤 이슬을 맞힌 후 다음 날 쑥을 달인 물을 밥, 누룩과 함께 섞어 발효시키는 방식이다. 이 술을 마시면 배탈을 치료한다고 적었다.

    쑥은 요즘도 나물로 무쳐 먹거나 국을 끓여 먹고, 떡 등의 재료로 쓰일 정도로 사람들에게 친숙하다. 특히 한방에서는 약재로 널리 쓰이고 있는 재료이기도 하다. 술을 빚을 때 사용하는 쑥은 앞서 『수운잡방』이나 『요록』의 기록에서 보듯 단오 바로 전에 채취한 것이다. 이때 뜯은 쑥이 약효가 뛰어날 뿐 아니라 향도 좋은 것일 테다. 『요록』에 보면 술을 빚을 때 쑥을 달인 물을 사용한다. 쑥의 약성과 향을 술에 고스란히 담는 가장 좋은 방법이 아닐까 싶다.

애주를 빚기 위해 매년 5월이면 쑥을 채취해서 법제를 한 후 말려서 보관한다. 약 효과보다 술에 향을 담는 가향주로서 애주를 빚기 위해서는 오히려 늦여름 무렵의 쑥이 더 좋다고 하는 사람도 있다. 하지만 개인적인 경험으로는 5월에 채취한 어린 쑥으로 빚은 애주의 향이 더 나았다. 때론 5월에 채취해서 2~3년 묵혀 놓은 쑥을 쓰기도 한다. 오래된 쑥이 약성이 더 좋은지는 모르겠지만, 향은 별 차이가 없는 것 같다.

애주는 『수운잡방』에 기록된 것으로 보아 우리나라에선 500년 전부터 빚어 왔던 술이다. 발효를 끝내고 거르고 나면 술 색이 은은한 녹색인 데다가 상상 외로 부드럽고 달콤한 맛에 반하지 않을 수 없는 술이다. 누구나 흔하게 빚는 술이 아니라서 맛보기가 쉽지 않다는 점이 아쉽다. 다만, 어린 쑥이든 다 자란 쑥이든 술을 빚을 땐 적당한 양을 사용하는 게 더 중요하다. 『수운잡방』의 기록에도 참쑥의 양은 임의로 하되 적당히 사용해야 한다고 했다. 애주뿐 아니라 다른 술을 빚을 때도 반드시 욕심을 경계해야 한다.

특히 당귀처럼 향이 강한 약재를 넣은 술을 빚을 땐 오히려 지나치게 적은 양이다 싶을 정도로 넣어야 실패하지 않는다. 아무리 약성을 우려낸 술을 빚고 싶어도 일정량 이상을 넣게 되면 오히려 마시기 거북해지기 때문이다.

애주를 빚을 때도 마찬가지다. 당귀와 마찬가지로 술에 들어가는 쑥의 양에 신경을 써야 한다. 향이 좋고 약효가 뛰어나다고 해서 아주 적은 양이라도 더 넣으면, 오히려 맛과 향을 해친다. 봄이 눈앞까지 온 어느 날, 2년 전 채취해 놓았던 쑥으로 애주를 빚으며 욕심을 경계한다.

숨겨 두고 혼자 마시는 술,
동정춘

　언젠가는 빚어봐야지 벼르던 차에 서울의 한 전통주 교육 기관에서 동정춘을 빚을 기회가 있었다. 그때 새롭게 알게 된 정보가 충격이었다. 2012년 국내의 한 주류 관련 대기업에서 동정춘을 빚어 출시했는데, 당시 한 병의 가격이 놀라웠다. 알코올 함량 11%인 동정춘 550ml 한 병 가격이 50만 원이었다. 유리도자공예 작가의 작품인 병과 잔을 감안해도 엄청난 가격이었다.

　당시 이 대기업에서는 '고체술 발효'라는 독특한 제법으로 빚는 술이 동정춘이라는 설명을 덧붙였다. 술을 빚는데 물을 첨가하지 않고 40여 일 발효한다는 설명이었다. 논 1평에서 생산되는 쌀(4.4kg)에서 술 1L만 나올 정도로 술의 양이 너무 적어 오랫동안 명맥이 끊어졌던 술이라고도 했다. 구미가 당기는 술이었다. 도대체 어떤 맛과 향이기에 이렇게 비쌀까 싶기도 했다.

이날 이후 수시로 동정춘을 빚었다. 전통주 교육을 시작하고 나서도 '구멍떡으로 술 빚기'라는 정규 과목으로 편성해 한 번씩 만들어 본다. 그래도 힘과 정성이 많이 들어가는 술이라 혼자서 조용히 빚을 때의 술맛이 훨씬 좋게 나온다.

동정춘은 빚는 과정만 보더라도 절대 쉽게 만들 수 있는 술은 아니다. 실제로 동정춘은 술을 빚을 때 물이 거의 들어가지 않는다. 물을 아주 조금 넣는다는 말이다. 우리 전통주는 대부분 술을 빚을 때 쌀과 물의 양이 비슷하다. 쌀 10kg으로 술을 빚으면 물도 10L 정도 들어간다는 뜻이다. 여기서 20% 정도 범위 내에서 쌀의 양이 더 많으면 단맛이 나는 술이 되고, 물의 양이 더 많으면 신맛이 나는 술이 나온다. 발효 온도 등 다른 요인을 배제하면 그렇다.

『임원경제지』에 나오는 동정춘 만드는 법을 살펴보자. 『임원경제지』는 200여 년 전 조선 후기 농업정책과 자급자족 경제론을 편 농촌 경제 정책서이다. '임원십육지', '임원경제 십육지'라고도 하는 이 책은 조선 실학자 서유구가 만년에 저술한 것으로 알려져 있다.

책에 수록된 동정춘 빚는 법을 보면 쌀 11kg에 물은 불과 1L만 쓴다. 물을 거의 넣지 않고 단맛을 극대화하는 방향으로 술을 빚기 때문에 술맛은 많이 달다. 실제 '꿀보다 달다'고 기록해 뒀을 정도다. 워낙 단맛이 강해 전통주 강의 교육 과정에서 동정춘 빚기를 실습할 때는 『임원경제지』 레시피 절반의 쌀을 사용한다. 쌀 6kg에 물 1L를 쓴다는 뜻이다. 쌀의 양을 절반 정도 줄였지만 발효가 끝난 이후 술의 단맛은 상상을 초월할 정도다.

단맛만 강하다면 좋은 술이 아니다. 동정춘은 쌀과 누룩, 그리고 극히 적은 양의 물만으로 빚는 술이지만 완성된 술은 다양한 과일 향과 꽃 향도 품고 있다. 그래서인지 전통주 교육을 받은 분들이 수시로 교육원에 와서 동정춘을 빚는다. 수업 중 실습으로 만들었던 동정춘의 맛과 향이 너무 강렬해서다. 발효실에선 또 다른 팀이 빚은 동정춘이 익어 가고 있다. 3개월 교육 과정 중 매주 여러 종류의 술을 빚었으면서도 유독 동정춘에 끌리는 모양이다.

『임원십육지』(1827년경)에 수록된 동정춘은 평생에 한 번은 반드시 마셔봐야 한다는 전설적인 술이다. 밑술+덧술 형태의 이양주인데, 밑술을 구멍떡으로 빚는다. 전통주에서 쌀은 다양한 형태로 가공해서 술을 빚는다. 죽으로 할 수도 있고, 범벅으로, 고두밥으로, 설기떡으로, 또 구멍떡으로도 가공해서 빚는다. 하지만 구멍떡은 술 빚는 기술이 여간 뛰어나지 않고는 할 수 없는 방법이다. 그만큼 어려운 가공 방법이라는 말이다.

   동정춘 빚기는 일종의 수양 시간이다. 다른 술들도 마찬가지겠지만 우리 전통주는 어지간한 정성이 없으면 만들기가 쉽지 않다. 어떻게 하든 알코올이야 만들어지겠지만 의도한 맛있는 술을 내기 어렵다는 말이다. 오죽하면 '술을 빚는다'고 표현하겠는가. 동정춘에 딱 맞는 말이다.

역사적으로 가장
사랑받아 온 술, 송순주

예전부터 애주가들로부터 가장 사랑받는 우리 술은 뭐였을까. 아마도 이른 봄에 새로 돋아나는 소나무 순을 채취한 후 가공해서 빚는 송순주松荀酒가 아닐까 싶다. 송순주는 맑은 향과 독특한 맛, 은은한 빛으로 가장 한국적인 술이라 할 정도로 애용되어 왔다.

굳이 술까지 들먹이지 않아도 소나무는 이미 우리 생활 깊숙이 자리 잡고 있다. 불로장생을 상징하는 열 가지 사물인 십장생에 포함되어 있을 뿐 아니라 추사秋史 김정희金正喜(1786~1856)의 〈세한도歲寒圖〉처럼 많은 그림 속에 등장하기도 했다. 아름다운 모습과 사철 변하지 않는 굳센 절개로 수없이 많은 시 문장에도 등장한다.

그뿐인가, 소나무는 송순뿐 아니라 잎과 줄기, 꽃(송홧가루),

솔방울, 뿌리까지 식용과 약용으로 쓰였다. 술 빚기에서도 예외가 아니어서 소나무의 모든 부분이 부재료로 쓰였다. 주변에서 가장 구하기 쉬운 재료이면서도 신비한 맛을 내기 때문이었다. 5월쯤 나는 솔잎을 잘라 만들면 송엽주, 송화 송이째 말려서 빚으면 송화백일주, 소나무 마디를 달여 즙을 내서 빚으면 송절주, 봄에 애기 솔방울을 따서 달인 물로 빚으면 송령주, 소나무 뿌리로 담근 술은 송근주다.

송순주는 솔향을 내기에 가장 좋은 부재료였다. 맛과 향이 뛰어나 소나무를 부재료로 사용한 여러 술 중에서도 최고였다. 이 때문에 송순주는 조선 시대 명문 집안의 가양주로 뿌리를 내렸고 방문方文이 아직까지 전승되어 오고 있다.

송순주는 빚는 방법이 다양하다. 집안마다 제각각 다른 방법으로 재료를 가공, 처리하고 배합비율도 달라서 문헌에 따라 방법에서 세세한 차이를 보인다. 『산림경제』, 『규합총서』, 『양주방』, 『임원십육지』, 『시의전서』 등 여러 고문헌에 송순주에 대한 기록이 남아있는데 제각각의 방법이 수록되어 있다.

송순은 술을 담기 전에 가공하는 방법이 만만찮다. 가장 먼저 송진을 제거해야 한다. 발효 과정을 통해 없어지기도 한다지만, 그래도 송진은 혈관을 막히게 한다는 옛 기록을 보고 나니 찜찜한 기분이 들어 그냥 둘 수가 없다. 송순은 최소 하루 정도를 찬물에 담가 송진을 **뺀**다. 두세 번 물을 갈아 주는 것도 필요하다. 송진을 뺀 송순은 찜기에 올려 20분 정도 잠깐 쪄낸 다음 그늘에서 말린다. 말리는 기간만 해도 1주일 이상 걸린다.

솔잎을 장만하는 일도 가지 쪽에 붙은 잡티를 제거해 줘야 해서 손이 많이 가는 작업이다. 잡티를 제거해야만 깔끔한 술맛을 얻을 수 있다. 소나무 가지도 마찬가지다.

경남 함양의 하동 정씨 가문의 가양주인 솔송주도 소나무에서 나오는 쓴맛을 없애기 위해 솔순과 솔잎을 살짝 쪄내서 사용한다. 이양주로 담는 솔송주는 찹쌀죽으로 밑술을 담그고 사흘 뒤 멥쌀 고두밥을 쪄 솔순과 솔잎을 넣어 섞어서 발효시킨다.

솔잎으로 빚는 송엽주는 많은 고문헌에 전해 오는 술이다. 1540년 조선 중종 때 탁청정 김유金綏(1491~1555)가 지은 조리서 『수운잡방』에는 "물 여섯 말에 솔잎을 넣은 후 두 말이 될 때까지 달여서 찌꺼기를 거르고, 그 물로 죽을 만들어 술을 빚는다."고 했다. 이 술을 마시면 담을 제거하고 풍을 물리친다고도 했다. 다른 고문헌에서도 송엽주는 몸에 좋은 술로 묘사하고 있다.『동의보감』에서는 송엽주가 중풍으로 입이 비뚤어진 경우를 치료한다고 했다.

송절주 역시 다양한 방법으로 술 빚는 법이 전해 내려온다. 1809년 조선 영조 때 빙허각憑虛閣(1759~1824) 이씨李氏가 엮은『규합총서』에 실린 내용이 좀 더 구체적이다. 먼저 밑술을 빚어 두고, 찹쌀 고두밥과 멥쌀 고두밥을 짓는다. 멥쌀 고두밥을 찌는 방법이 독특하다. 송절을 달인 물을 뿌려 가며 고두밥을 찐다. 술독에 달여내고 건져 둔 송절 건더기를 넣고, 그 위에 멥쌀 고두밥, 찹쌀 고두밥을 순서대로 넣는다. 그런 다음 가을에는 국화, 봄에는 진달래, 겨울에는 유자 껍질을 밑술과 섞지 않고 술독 안에 매달아 술에 꽃 향기를 담는다.

현재 전북 김제 경주 김씨 집안과 대전 은진 송씨 집안, 경남 함양의 하동 정씨 집안, 이 세 가문에서 빚는 송순주가 지방자치단체로부터 무형문화재 지위를 부여받은 가양주이다. 무형문화재 보유자가 제조한 술은 전통주로 인정받아서 세제 혜택뿐 아니라 인터넷 판매도 가능해진다.

전해 오는 송순주 빚는 법은 크게 두 가지인데 하나는 일반적인 곡주 빚는 방법과 같은 발효주이고 다른 하나는 발효 과정에 소주를 첨가하는 혼양주법混釀酒法이다. 대전 은진 송씨 가문 송순주는 발효주법으로 만들고 김제의 경주 김씨 집안 송순주는 혼양주법으로 만든다. 함양에서 만드는 송순주는 발효주법으로 만드는 약주인 솔송주와 이것을 증류한 증류식 소주 두 가지가 있다.

송순주 만드는 방법 중 흥미로운 방법은 혼양주법이다. 이 방법은 조금 복잡하다. 먼저 곡주로 발효주를 만든 다음 이를 소줏고리로 증류하여 소주를 만들어 둔다. 이어서 이양주법으로 송순주를 빚어 발효시키고 발효가 끝날 즈음 미리 내려둔 소주를 부어 숙성시킨다. 이 과정에서 독특한 술빛과 은은한 솔향이 술에 배어 명주銘酒가 탄생하는 것이다.

혼양주법으로 만든 술은 송순주 외에 과하주過夏酒도 있다. 과하주 역시 송순주처럼 발효주에 발효주를 증류한 소주를 넣어 다시 발효, 숙성시켜 완성한 술이다. 재차 발효에 들어가면서 송순의 맛과 향이 풍성해지고 저장성도 높아지게 되는 것처럼 과하주도 맛과 향이 뛰어나다. 모두 혼양주법으로 빚은 술의 장점을 가져서다.

송순주는 다른 술보다 재료 준비 과정이 까다롭고 술을 완성하기까지 오랜 시일이 걸려 빚기 어려운 술이다. 그렇더라도 다른 전통주와 달리 그동안 가장 사랑받아 왔고 재료가 구하기 쉬우며 맛과 향에서도 뒤지지 않으니 세계적인 술로 발돋움할 기회도 있지 않을까.

| 감칠맛에
| 탄탄한 스토리, 이화주

　술 제조 비법을 기록하고 있는 고문헌은 꽤 많다. 대부분 음식 이야기, 요리법과 함께 기록되어 있다. 이 중에서 술 빚는 법만 실려 있는 책이 몇몇 있는데 『양주방』도 그중 하나다.
　『양주방』은 1837년에 한글로 편찬된 술 제조 비법서다. 술 빚는 법 72항을 싣고 있다. 72항목 중에는 술을 빚을 때 사용한 재료에 따라 술 이름을 붙인 게 많다. 솔잎술, 복사꽃술, 매화술, 연잎술, 창출술, 창포술, 오미자술, 오가피술, 구기자술 등이 대표적이다.
　하지만 한국 전통주 중에 이름만 보고 어떤 술일 것이라 짐작했다가 전혀 다른 술임을 알고는 당황하는 경우도 있다. 예를 들어 하향주荷香酒를 만드는 재료 중에는 연잎도 연꽃도 없다. 단지 연꽃 향기가 난다고 해서 하향주라는 이름을 붙였다. 실제 경영난으로 사라져 버린 1천 년 전통의 대구 하향주는 찹쌀과 물, 누룩, 국화를 사용해 빚었던 술이다.

추로백으로도 부르는 추로주秋露酒는 원래 가을 이슬을 받아 빚는 술이다. 하지만 1867년에 나온 저자 미상의 책 『잡초雜草』에서 추로주는 가을 이슬로 빚은 술이 아니라, 술 색이 깨끗하고 맑아 이름을 추로秋露라 한다고 했다.

한글로 쓰인 『양주방』의 배꽃술도 마찬가지다. 『산가요록』, 『수운잡방』, 『계미서』, 『동의보감』, 『음식디미방』, 『임원경제지』, 『온주법』, 『주찬』, 『산림경제』, 『농정회요』, 『주방』, 『역주방문』 등 수많은 문헌에는 이화주梨花酒로 표기한다. 이화주에도 배꽃은 들어가지 않는다. 배꽃이 필 무렵에 빚는 술이라고 해서 이화주라고 부르기 때문이다. 실제로 제대로 빚어낸 이화주는 술빛이 배꽃처럼 희다. 향도 그만큼 좋다.

이화주는 만들기가 까다롭다. 쌀을 가공하는 여러 가지 방법 중 하나인 구멍떡을 만들어 술을 빚기 때문이다. 구멍떡을 삶은 후 극히 적은 양의 물과 가루누룩인 이화곡을 넣어 치댄 다음 발효를 하면 된죽 혹은 요구르트처럼 아주 걸쭉한 술이 된다. 정성과 또 그보다 더한 힘을 써야 빚을 수 있는 술이 이화주다.

어려운 과정을 거쳐 완성된 이화주는 겉모습도, 식감도, 목 넘김도 일반 탁주와 완전히 다르다. 먹는 방법에 따라 맛도 달라진다. 흡사 요구르트 같은 걸쭉함 때문에 잔에 따라 마시지 않고 숟가락으로 떠먹는다. 마시는 술이 아니다 보니 입안에서부터 시작해 목 넘김까지 쌀의 부드러운 감촉을 느낄 수 있는 장점이 있다. 술을 빚으면서 물을 거의 사용하지 않아 단맛과 신맛이 강하면서도 묘한 맛의 균형을 가지고 있다. 단맛이 지나고 신맛이 뒤따르는데 마지막으로 딱 적당한 알코올 도수가 올라온다.

이화주는 술을 빚을 때 물을 쓰지 않아 생산되는 술의 양이 지극히 적은 편이다. 양반가가 아니면 꿈도 꾸지 못할 술이었다. 숟가락으로 떠먹을 수 있다 보니 예전 궁중의 여인들이나 양반가의 여인들이 마치 술이 아닌 척하면서 먹었다고도 한다.

요즘은 이화주를 먹는 방법이 다양해졌다. 떠먹는 게 식상하다면(숟가락으로 떠먹으면 도저히 술을 마시는 느낌이 나지 않는다고도 한다) 탄산음료를 타서 마시는 방법도 있다. 탄산음료의 양은 개인 기호에 맞추면 된다.

비교적 최근에 들어와서 생긴 이화주를 먹는 특별한 방법은 디저트처럼 카나페로 먹는 방법이다. 작게 썬 빵이나 크래커 위에 다른 과일과 함께 얹어 먹는다. 크래커에 딸기를 썰어 올리고 그 위에 이화주 한 숟갈을 얹어 먹는 방법이다. 또 다른 방법은 물을 조금 타서 묽게 만든 다음 샐러드 야채 위에 소스처럼 뿌려 먹기도 한다.

그래서일까, 이화주는 마신다는 표현보다 먹는다는 표현이 더 잘 어울린다. 감칠맛, 단맛에 알코올 도수도 높지 않아 어른들 간식으로 쓰이기도 했다. TV 드라마 〈철인왕후〉에서 이화주를 빚어 마시는 장면이 나오면서 많이 알려지긴 했지만 아직까지는 대중적이지 않은 술이다.

2월 말~3월 초쯤이 이화주 빚는 시기다. 좋은 술맛과 향에 스토리까지 탄탄하니 한국 전통주를 알아가는 데 딱 맞는 술이다.

포트와인보다 못할
이유가 없는 과하주

  '우리 술 맛있게 빚기' 교육과정을 운영하면서 수강생들에게 여러 가지 전통주를 직접 빚도록 하고 있다. 술 빚는 방법으로 나눈다면 기본적인 삼양주 빚기부터 이양주, 단양주까지 다양하다. 고문헌에 수록되어 전해 오는 술 빚기 방법 그대로 재현해 내는 술이 대부분이다.

  1459년경 지어진 『산가요록山家要錄』을 비롯해 『수운잡방(1540년)』, 『음식디미방(1670년)』, 『증보산림경제(1766년)』, 『규합총서(1809년)』, 『임원경제지(1800년대 초)』 등 다양한 고문헌에 등장하는 여러 가지 전통주 중에서 수강생들로부터 가장 반응이 좋은 술은 무엇일까.

  개인적인 취향 차이가 있겠지만 대부분 동정춘洞庭春과 백수환동주白首還童酒, 청명주淸明酒, 과하주過夏酒 등을 맛보고는 놀랍다는 반응을 보인다. 이들 술을 시음하고는 전통주를 보는 시각이 확 바뀌는 계기가 되었다고 이야기할 정도다. 특히 몇만 원의 가격대를 보이는 전통주가 왜 그렇게 비싼지 납득할 수 있겠다는 반응도 보인다.

이 중에서도 과하주는 남녀노소를 불문하고 좋아하는 술이다. 지날 과過, 여름 하夏를 쓰는 과하주는 글자 뜻 그대로 '여름을 지나는 술'이란 뜻이다. 옛 문헌에는 '달고 독한 술'로 표현하고 있다.

달고 독하다는 표현은 과하주를 만드는 과정을 알고 나면 이해된다. 냉장고가 없었던 옛날엔 더운 여름에 술을 보관하기가 어려웠다. 이런 발효주의 단점을 극복하기 위해 탄생한 것이 과하주다. 과하주는 발효주인 막걸리에 막걸리를 증류한 소주를 넣어 알코올 도수를 20% 정도로 높여서 술이 상하지 않고 더운 날씨를 견디도록 만든 술이다. 독한 술이란 표현은 알코올 도수가 높은 술이란 뜻이다.

단맛이 강한 이유는 발효 도중에 알코올 도수가 높은 소주를 넣어 발효를 중지시키기 때문이다. 알코올 도수가 높으면 삼투압 현상 때문에 효모 속으로 알코올이 스며들어 효모의 활동을 정지시킨다. 알코올 발효가 중지되는 것이다. 알코올 발효란 전분 분해효소에 의해 쌀의 전분이 당으로 바뀌고, 효모가 이 당분을 먹고 알코올을 만들어 내는 과정이다. 따라서 효모가 당을 먹어치우기 전에 발효를 중단시키면 술에 당 성분이 그대로 남아 있게 되고 단맛이 강한 술이 된다.

이처럼 과하주 빚기는 복잡하면서도 과학적이다. 먼저 막걸리를 증류해서 알코올 도수가 40% 정도인 소주를 내려 두어야 한다. 그런 다음 따로 막걸리를 빚고, 이 막걸리 발효 도중에 소주를 부어 넣어주면 된다. 당연히 발효 3일째 소주를 넣으면 7일째 소주를 넣은 것보다 단맛이 강할 수밖에 없다.

과하주는 『음식디미방(1670년)』에 언급된 걸로 봐서 그 이전부터 빚어 왔던 것으로 보인다. 이 외에도 『주방문』, 『산림경제』, 『규합총서』, 『임원십육지』, 『역주방문』, 『양주방』, 『시의전서』 등 많은 문헌에 기록되어 있는 걸로 봐서 조선 시대 당시엔 전국적으로 널리 애용된 술임을 알 수 있다.

실제로 직접 과하주를 만들어 보고 시음해 본 수강생들은 과하주의 맛과 향에 놀랍다는 반응이다. 먼저 알코올 도수 20%를 전혀 느끼지 못할 만큼의 부드러운 맛에 한 번 놀란다. 술을 빚는 과정에 과일이 전혀 들어가지 않음에도 과하주에서 풍기는 풍성한 과일 향에 다시 한번 놀란다.

요즘 젊은 층에서 전통주 양조장 설립 붐이 일고 있다. 이들의 노력으로 여러 가지 부재료를 넣은 좋은 술이 넘쳐나게 되었다. 우리 술의 다양화를 위해서는 필요한 일들이다. 하지만 수백 년 이어 오면서도 잊혀 가는 좋은 술들이 많아 안타깝다. 고문헌에 수록된 전통주를 복원해야 하는 이유다.

탁주와 청주, 약주, 그리고 막걸리

 탁주는 뭐고, 막걸리는 뭘까? 약주는 또 무엇이며 청주는 어떤 술일까? 우리 술을 부르는 이름은 아주 많다. 헷갈린다.
 요즘 막걸리 열풍이 심상찮다고 한다. 그중에서도 프리미엄 막걸리가 특히 인기다. 10여 년 전, 반짝 인기를 끌었던 막걸리 열풍과는 다르다고도 한다. 그런데 막걸리와 탁주는 어떻게 다른 걸까?
 먼저 발효가 끝난 술은 거름망 혹은 가는 체에 내려 걸러 낸다. 술과 찌꺼기를 분리해 내는 것이다. 이때 남은 누룩과 고두밥알 등의 찌꺼기를 술지게미라 한다. 나이가 50대 이상이라면 떠올리는 어릴 적 장면이 있다. 술을 거르고 난 찌꺼기에 사카린(화학 조미료)을 타서 맛있게 먹었는데, 이게 술지게미다.

이렇게 걸러 낸 술은 찌꺼기에서 나온 고형분 때문에 색이 탁한데 이를 탁주濁酒라고 한다. 탁주는 말 그대로 '흐린 술'이다. 알코올 도수와는 상관없이 술의 색을 보고 이야기하는 말이다.

청주淸酒는 탁주와 달리 술 색이나 빛이 맑고 깨끗한 술이다. 발효가 끝난 술 단지에 고두밥알이나 누룩 찌꺼기가 들어오지 못하도록 용수(기다란 고깔 모양의 대나무 체)를 꽂아 두었다가 맑은술을 떠내는데, 이게 청주다. 또 걸러 낸 탁주의 고형물들이 가라앉으면 위에 뜨는 맑은술을 청주라고 한다. 청주는 전통적으로 국가적인 큰 행사나 제사상에 제주로 오르는 술이었다. 쌀과 물, 누룩만 가지고 다양한 제조 방법으로 오랜 기간 동안 빚어 온 고급술로 고유의 우리 술인 것이다.

술을 거르는 방법으로 보면 전내기와 막걸리로 나누어진다. 전내기는 물을 타지 않은 순수한 술을 말한다. 물을 타서 연하게 하면 막걸리다. 막걸리는 두 가지 의미가 있다. 먼저 술 전체를 거르거나 혹은 청주를 거르고 남은 것에 탕수(끓여서 식힌 물)를 부어 넣어 다시 걸러 낸 술을 막걸리라고 한다. '막(마구)' 걸러냈다는 의미다. 술을 한 번 걸렀지만 찌꺼기에는 여전히 알코올과 영양 성분이 남아 있다. 여기에 물을 타서 마구 걸러 내 알코올 도수 3~5%의 술을 추가로 얻어 내는데 이를 막걸리라고 한다.

또 다른 의미의 막걸리는 '막(지금)' '금방' 걸러 낸 신선한 술을 뜻한다. 요즘 막걸리와 전통주라는 용어가 마구 섞여 '막걸리 교육', '전통주 교육' 처럼 혼용되고 있음을 볼 때 막걸리는 '금방 걸러 낸 신선한 술'을 의미하는 것이 더 적합한 것 같다.

그럼 전통주란 뭘까. 박록담 한국전통주연구소장은 "전통주는 우리가 주식으로 삼고 우리 땅에서 생산되는 곡물을 주재료로 하고, 물 이외의 인위적인 가공이나 첨가물 없이 누룩을 발효제로 하여 익힌 술을 지칭한다."고 했다. 고유한 방법과 전통성을 간직하면서도 우리 땅에서 나는 자연산물을 주재료로 하여야 전통주라고 하는 것이다.

약주藥酒는 당귀주, 구기자주, 인삼주처럼 약재를 넣어 약효를 살린 술이다. 술의 높임말이 약주인 것도 이렇게 약재를 넣어 만든 술을 웃어른들께 대접하던 것에서 나왔다. 이렇게 약재의 약성을 살린 술이 약주라는 것은 상식이다. 하지만 이 상식이 통하지 않고 있다. 주세법 이야기다. 주세법 시행령에선 정확하게 누룩의 사용량에 따라 청주와 약주로 나눈다. 쌀의 합계 중량을 기준으로 누룩을 1% 미만으로 사용해야 청주라고 규정하고 있다. 누룩이 1% 이상 들어간 술은 모두 약주다.

그래서 희한한 일이 벌어진다. 우리 술은 최소한 누룩이 쌀 양의 3% 이상, 대체적으로는 10% 정도 사용하기에 아무리 전통적인 방법으로 청주를 만들더라도 약주라고 표기해야 한다. 효모를 접종한 입국을 쓰고 맛 내기, 향 내기용으로 누룩을 1% 미만 사용하는 일본 술 사케를 청주라고 규정하는 것이다. 청주라는 이름을 이렇게 엉뚱하게 규정하다 보니 전통 방식으로 만든 우리 술 청주는 약재가 전혀 들어가지 않아도 약주라고 부를 수밖에 없게 됐다.

말도 안 되는 이런 분류는 일제강점기에 만들어진 주세법(1909년)을 상당 부분 그대로 가지고 온 탓이 크다. 일제는 통치 자금 확보를 위해 체계적으로, 또 쉽게 세금을 거두기 위해 주세법을 만들었다. 대대로 전해 내려오던 가양주를 금하고 조선주는 탁주와 약주로, 일본주는 청주로 분류했다. 아마 맛과 향에서 뛰어난 고급술이란 이미지를 가져와 일본주를 청주로 칭하고 대대로 내려오던 우리 술 청주는 약주라는 범주로 묶어 버렸다.

3부 고문헌 속 전통주 이야기

사케라고 불리는 일본주는 누룩이 아니라 곰팡이를 쌀에 접종시켜 만든 입국을 쓴다. 하지만 입국 사용량에 대해서는 따지지 않아 아무리 많은 입국을 사용해도 누룩 사용량만 1% 이하로 쓰면 청주인 셈이다. 이렇게 청주라는 이름을 빼앗겨 버렸다. 실제로 술병에 붙어 있는 라벨에서 식품 유형에 청주라고 써져 있으면 전통주가 아니라 사케다.

달리 말하자면 전통 누룩을 사용하면 청주라는 이름을 쓰지 못한다는 이야기다. 그래서 전통 방식으로 누룩을 써서 우리 고유의 청주를 만들어 내는 양조장에선 라벨에 청주라는 이름 대신 맑은술로 표기할 수밖에 없는 웃지 못할 해프닝까지 일어나고 있다.

늦었지만 우리 고문헌에 많이 등장하는 맑은술 청주 이름을 되찾아야 할 때다. 또 일본식 누룩 입국을 써서 만든 술은 사케로, 약재를 넣은 우리 술은 약주로 분류해야 마땅하다. 많은 전통주 관계자들이 수없이 주세법 개정을 부르짖고 있지만 여전히 고쳐지지 않아 아쉽다.

단양주는 왜
여름에 빚어 마셨을까?

　수많은 우리 전통주를 분류하는 방법 중 하나는 술을 빚는 횟수에 따라 나누는 것이다. 술을 몇 번 빚어 완성시키느냐에 따라 삼양주三釀酒, 이양주二釀酒, 단양주單釀酒로 나눈다. 한자로는 빚을 양釀을 쓴다. 따라서 삼양주는 밑술에 두 번의 덧술을 해서 세 번 빚는 술이고, 이양주는 밑술에 덧술 한 번으로 빚어내는 술이다.

　술을 여러 번 빚어 넣는 이유는 뭘까. 횟수를 거듭할수록 알코올 도수가 높아지고 술맛은 부드러워지기 때문이다. 그만큼 발효 기간이 길어져 향도 더욱 깊어진다. 술의 색깔이 맑고 밝은색을 띠게 되는 것도 술 빚는 횟수를 늘리는 이유다.

　반면에 단양주는 한 번에 빚어내는 술이다. 고두밥을 쪄서 식힌 다음 누룩과 잘 혼합해서 바로 발효시켜서 얻는 술이다. 삼양주나 이양주에 비해 맛과 향이 조금 떨어지기는 하지만 대략 5일 정도 발효시켜 바로 마실 수 있다. 때에 따라서는 벼락술, 일야주, 삼일주 등의 이름에서 보듯 속성으로 빚어 마시기도 했다.

이렇게 짧은 기간 안에 발효가 가능했던 건 주로 여름에 빚어 마시는 술이었기 때문이다. 삼양주와 이양주는 겨울에 빚어 저온에서 장기간 발효를 시켰다. 저온 장기 발효는 좋은 술을 얻는 가장 좋은 방법이었다. 여름에 빚었던 단양주는 발효 온도가 25~28℃ 정도로 높아서 5~7일이면 걸러서 바로 마실 수 있었다. 더구나 알코올 도수도 낮아 기온이 높은 여름엔 오래 보관할 수도 없었다.

단순하게 술 빚는 횟수로 따져 본다면 단양주가 빚기 가장 쉬울 것 같지만 전혀 그렇지 않다. 이양주나 삼양주에 비해 단양주가 훨씬 어려운 술이다. 왜 그럴까.

술은 효모가 만든다. 사람이 술을 만든다고 생각하는 순간부터 술 빚기는 실패하기 쉽다. 사람은 그저 알코올을 제대로 만들어 내도록 효모를 잘 관리하기만 하면 된다. 삼양주와 이양주는 효모를 증식시키는 밑술 과정이 있다. 잘 증식된 효모들이 마지막 덧술 때 고두밥을 넣어주면 당화를 통해 얻어진 당을 먹고 알코올을 만들어낸다. 안정적인 술 빚기가 가능한 이유다.

반면 단양주는 효모 증식 과정 없이 발효에 들어가기 때문에 어렵다. 단순히 누룩 속에 포함된 효모만으로 발효를 해야 해서 실패하기 쉬운 술 빚기다. 여름에 이 술을 빚는 이유도 높은 온도에서 빨리 발효시켜야 하기 때문이다.

한 번에 빨리 빚어내는 단양주도 제대로 빚으면 술에서 과일 향이 난다. 부의주를 맛본 사람들 대부분이 술에서 매실 향이 난다고 이야기한다. 때론 포도 향이 난다고도 한다. 그렇지만 쉽게 빚으면 제대로 된 맛과 향을 낼 수가 없는 술이기도 하다.

한때 단양주로 찹쌀막걸리를 집중적으로 빚어봤던 터라 이제는 단양주 빚기가 가장 자신 있는 술 빚기가 됐다. 쌀과 누룩, 물 등 세 가지 재료만으로 5일 정도 발효시켜서 과일 향과 꽃 향이 나는 술을 빚어낼 수 있다는 점이 단양주의 가장 큰 매력이다. 따로 숙성 과정 없이 바로 마실 수 있다는 점도 장점이다. 이제는 발효실의 온도 조절로 한겨울에도 단양주를 빚을 수 있게 됐으니, 다행인 일이다.

부의주를 더운 여름에 빚는 이유

한국의 전통주는 대부분 겨울에 빚는다. 여름 장마철을 지나면서 누룩을 만들기 시작해서 잘 띄운 다음 보관해 뒀다가 날이 추워지면 술을 빚기 시작했다. 날이 추운 겨울에 술을 빚는 이유는 여러 가지다. 기온이 높은 여름에는 발효 기간 동안 술 단지를 관리하기가 어려울 수밖에 없었다. 어찌해서 좋은 술을 빚어 잘 발효시켰다 하더라도 냉장고가 없으니 보관하기도 어려웠을 것이다. 겨울에 술을 빚은 이유 중엔 낮은 온도에서 장기간 발효하는 것이 술의 맛과 향을 잘 살리는 비결이기도 해서다.

기온이 높은 여름에 빚었던 부의주浮蟻酒는 누룩과 고두밥을 섞어 술 단지에 넣고 3일~5일이면 발효가 된다. 발효가 끝났다기보다는 적당한 단맛이 있으면서도 알코올 도수까지 있는 마시기 좋은 술이 된다는 뜻이다.

이 정도 발효가 진행되면 고두밥 알은 대부분 가라앉는다. 밥알의 전분이 빠져나가고 그 부분을 액체가 채우게 되면서 가라앉게 되는 것이다. 이때 일부 발효가 더딘 밥알이 떠 있게 되는데 그 모양이 흡사 물에 떠(浮·뜰 부) 있는 개미(蟻·개미 의)처럼 보인다고 해서 부의주라고 불렀다. 다른 말로 하면 '동동주'다. 고두밥알이 동동 떠 있는 모양을 보고 붙인 이름이다.

부의주도 술 빚는 횟수에 따라 분류하면 한 번 빚는 단양주單釀酒다. 하지만 일반적인 단양주와 달리 몇 가지 특징을 가지고 있다. 먼저 바짝 말라 있는 누룩을 그대로 쓰지 않고 물누룩을 만들어서 사용한다. 고두밥을 쪄서 식힌 다음 이 고두밥에 한 번 끓여서 식힌 물과 누룩을 넣고 잘 혼합해서 발효시키는 게 단양주다. 부의주는 고두밥과 누룩을 바로 직접 섞지 않는다. 끓였다가 식힌 물에 누룩을 3시간 이상 담가 우려내고 난 다음 누룩 찌꺼기를 걸러 내 버리고 누룩물을 고두밥과 혼합해 준다. 이 누룩물이 수곡이다.

누룩을 바로 고두밥과 섞어주지 않고 수곡을 하는 이유는 발효를 빨리 시키기 위해서다. 누룩 속에는 전분을 당으로 분해해 주는 전분 분해 효소와 당을 먹이로 해서 알코올을 만들어 내는 효모가 들어 있다. 대부분 누룩은 건조되어 있기 때문에 효모도 잠자고 있는 상태다. 물속에 누룩을 담가 두면 잠자는 효모가 활성화되고 더 빨리 발효를 하게 된다. 술 빚는 초기에는 알코올을 빨리 만들어 내야 외부 잡균들의 침입을 막을 수 있다. 그렇지 않으면 술이 상해 금방 쉬게 된다. 수곡을 해야 하는 이유다.

비슷한 이유로 부의주를 빚을 땐 누룩의 양도 훨씬 더 많이 넣는다. 전통주를 빚을 때 일반적으로는 전체 쌀의 양을 기준으로 10% 정도의 누룩을 넣어 발효시킨다. 쌀의 양이 10kg이면 누룩은 1kg을 쓴다는 말이다. 하지만 부의주를 빚을 땐 쌀 양의 20% 정도 누룩을 넣어준다.

누룩 양이 많으면 발효가 훨씬 빨라지고 안정적으로 술을 빚을 수 있다는 장점이 있는 반면 완성된 술에서 누룩 냄새가 더 날 수 있는 단점도 있다. 요즘은 대부분 술에서 나는 누룩 냄새를 싫어한다. 일부 나이가 있는 연령대 사람들은 옛날 생각이 나서 누룩 향이 있는 술을 선호하지만 보편적인 이야기는 아니다.

『목은집』을 보면 부의주는 고려 시대부터 빚었던 것으로 보이며, 조선 시대 고문헌에도 기록되어 있다. 삼양주, 이양주보다 공정이 간단해 보이지만 제대로 맛과 향을 내기는 매우 어려운 술이기도 하다.

저온 발효와
산장법으로 완성한 청명주

전통주 중에는 날씨가 추운 겨울에 빚는 술이 많다. 저온에서 발효하면 발효 기간은 길어지지만 맛과 향은 훨씬 풍부해진다. 그럼에도 일반적으로 우리 술의 발효 온도가 25℃라고 하는 것은 대량생산을 하는 상업 양조에서 단기간에 많은 술을 빚는 데 적당한 온도이기 때문이다.

요즘은 냉방 시설이 잘되어 있어 계절에 별 영향을 받지 않지만 삼양주三釀酒도 추운 겨울에 빚었다. 삼양주는 밑술 한 번과 두 번의 덧술을 해서 한 달가량 발효시키는 술이다. 겨울에 빚다 보니 저온에서 장기간 발효를 시킨 셈이다.

여름에 빚는 단양주는 걸러서 바로 마시는 술이고 겨울에 빚는 삼양주는 저온 장기 발효로 맛과 향이 뛰어나 맑은술로 마시는 고급 술이다. 삼해주三亥酒와 삼오주三午酒도 한겨울에 빚는 저온 장기 발효 술이고 청명淸明에 마시는 청명주淸明酒도 마찬가지다.

24절기 중 다섯 번째 절기인 청명淸明은 춘분과 곡우 사이다. 음력으로는 3월, 양력으로는 4월 5일 무렵으로 한식寒食 하루 전날이거나 같은 날일 수 있다. '한식에 죽으나 청명에 죽으나'라는 속담이 여기서 나왔다. 한식과 청명은 보통 하루 사이이므로 하루 빨리 죽으나 늦게 죽으나 별 차이가 없음을 일컫는 속담이다.

'청명에는 부지깽이를 꽂아도 싹이 난다'고 했다. 예전에는 청명 무렵에 논밭의 흙을 고르는 가래질을 시작하는데, 이것은 특히 논농사의 준비 작업이 된다. 청명이 되면 비로소 봄 밭갈이를 한다. 본격 농사를 시작하는 청명에 마시거나 한식 제사 혹은 성묘에 쓰는 술이 바로 청명주다.

『술 만드는 법』이란 문헌을 보면 청명주는 2~3월에는 한 달 만에 술을 뜨고 4월에는 21일 만에 술을 뜬다고 했다. 가장 추운 1월이면 술 뜨는 기간이 더 길어졌을 것으로 보인다.

요즘 청명주의 인기가 뜨겁다. 만만찮은 가격임에도 이 술을 찾는 사람이 많다. 시판되고 있는 대표적인 청명주는 두 종류. 충북 무형문화재 명인이 만드는 '중원당 청명주'와 누룩 명인이 만드는 '한영석 청명주'다.

  물론 요즘 청명주는 청명과 한식에만 마시는 술이 아니다. 연중 생산되기 때문이다. 청명주가 사계절 내내 인기를 끄는 이유는 그 맛과 향, 맑은 술 색에 있다. 청명주는 찹쌀가루로 죽을 쑤어 밑술을 하고 찹쌀 고두밥으로 덧술을 하는 이양주다. 찹쌀로만 두 번에 걸쳐 술을 빚기 때문에 과일 향에다 맛이 감미롭고 깔끔한 신맛이며 술빛 또한 맑고 깨끗한 게 특징이다.

  2022년 4월 첫 출시를 하자마자 SNS에서 이를 구하기 위해 난리가 난 술이 '한영석 청명주' 였다. 전라북도 정읍에 있는 '한영석의 발효연구소'에서 한영석 대표를 만나 청명주 맛과 향의 비결을 물은 적이 있었다. 그때 한영석 대표가 귀띔해 준 비결이 저온 발효와 산장법酸漿法이었다.

  산장법은 고두밥을 찌기 전에 쌀을 물속에 오랫동안 불리는 것을 말한다. 여름에는 3일, 겨울에는 거의 10일 정도 불린다. 이렇게 오랫동안 쌀을 불리면 쌀의 수용성 물질이 빠져나가면서 효모의 활성도를 낮출 수 있고 깔끔한 신맛을 내게 된다. 저온 발효도 중요하다고 했다. 실제 발효실 온도는 13.5℃를 표시하고 있었다.

요즘 전통주 교육 과정을 운영하면서 수강생들에게 꼭 마셔 보라고 권하는 술 중 하나도 청명주다. 쌀과 물, 누룩만으로 빚는 술임에도 와인보다 깔끔한 산미와 술빛, 그리고 과일 향을 느낄 수 있기 때문이다. 전통주에 대한 고정관념을 확 바꿀 수 있는 술이기도 하며 전통주의 매력에 바로 빠져들게 하는 술이다.

4부

전통주의 오늘과 내일

블렌딩의 역사,
한국 전통주가 더 빨랐다

흔히 위스키를 만드는 알코올 증류 과정은 과학이지만, 위스키의 맛과 향을 결정하는 블렌딩blending은 예술이라고 한다. 위스키별 특징을 파악하고 서로 다른 위스키를 조합하여 새로운 맛과 향, 질감을 가진 더 뛰어난 위스키를 만들어 내는 과정이기 때문이다.

맥주도 블렌딩을 한다. 몰트를 혼합하고 홉을 혼합하기도 한다. 오죽하면 한 가지 단일 홉을 사용해 만든 맥주를 싱글 홉 맥주라고 따로 분류하기도 하겠는가 싶다.

와인은 같은 포도밭 중에서도 가장 품질 좋은 포도가 생산되는 구역의 포도만으로 양조한 싱글 빈야드Single Vineyard가 고급 와인으로 대접받는다. 세계 최고급 와인으로 꼽히는 로마네 꽁티가 대표적이다. 하지만 특별한 와인을 창조하기 위해 블렌딩을 하기도 한다. 포도의 품종을 혼합하거나 같은 품종이더라도 서로 다른 포도밭에서 생산된 포도를 혼합하기도 한다. 이렇게 해서 나오는 와인 블렌딩은 포도의 교향곡이라고 표현할 정도다.

커피 블렌딩도 마찬가지다. 각각의 특성과 향을 가진 두 가지 이상의 원두를 적절하게 섞어 균형 잡힌 맛과 향을 내는 새로운 커피를 창조하는 과정이 커피 블렌딩이다. 블렌딩은 하나의 나라 혹은 하나의 농장에서 수확된 커피를 말하는 싱글 오리진Single Origin의 한계를 극복하는 방법이기도 했다.

한국 전통주도 블렌딩을 한다. 알기 쉽게 예를 들어보자. 전통주의 주재료는 쌀, 누룩, 물이다. 먼저 주재료인 쌀을 가공하는 방법의 혼합이다. 이양주, 삼양주를 빚을 때 밑술은 범벅이나 죽으로 빚고, 마지막 덧술은 고두밥으로 빚어 넣는다. 밑술을 범벅 혹은 죽으로 하는 것은 술의 맛과 향을 높이기 위해서이고, 고두밥으로 덧술을 하는 것은 맑은술을 더 많이 얻고 알코올 도수를 더 높이기 위한 방법이다.

누룩을 사용할 때도 블렌딩을 한다. 두 가지 이상의 누룩을 혼합해서 쓰는 것이다. 상업 양조장에서도 두 가지 이상의 누룩을 혼합해서 사용하는 경우가 많다. 또 원하는 맛과 향에

4부 전통주의 오늘과 내일

가장 잘 어울리는 누룩의 혼합 비율을 찾기 위해 오랜 시간 정성을 들이는 양조장도 있다. 녹두가 들어간 누룩인 향온곡과 밀누룩을 혼합해서 술을 빚는 것도 누룩 블렌딩이다.

요즘은 증류 소주도 블렌딩하는 경우가 많아졌다. 10년 이상 장기 숙성한 증류 원액과 2~3년 숙성한 증류 원액을 섞어 새로운 증류 소주를 창조하는 것이다. 이 방식은 이미 맥주에서 많이 사용하는 방식이다. 에일 맥주에 자연 발효 맥주인 람빅을 블렌딩하고 나서 오크 배럴에 다시 숙성을 시킨 후 출시하는 방법이다. 프리미엄 막걸리를 생산하는 양조장에서도 이런 방식으로 블렌딩을 하는 경우가 많다. 발효조마다 다르게 나오는 술맛의 차이를 줄이기 위한 방법으로 섞어서 원하는 맛을 내는 것이다.

신맛과 단맛, 쓴맛 등 술맛의 균형을 위해 블렌딩을 하기도 한다. 단맛이 나는 술과 달지 않은 술, 신맛이 나는 술을 따로 빚은 후 혼합을 해서 의도한 맛을 내는 것이다. 이렇게 해서 입안에서는 깔끔한 신맛과 단맛을, 삼킨 후에는 약간의 쓴맛이 마무리를 하도록 블렌딩을 한다.

3대째 이어져 오고 있는 경북의 한 양조장 대표를 만났었다. 이미 애주가들 사이에서는 맛있다고 소문난 이 양조장의

생막걸리를 마시며 여러 가지 술 이야기를 나눴다. 평소에도 맛의 균형이 잡혀 있다고 느끼던 막걸리여서 비결을 물어봤다. 돌아온 답은 역시 블렌딩이었다. 맛을 잡기 위한 노력도 세심했다. 그는 매일 아침 출근하면 쓴맛이 나는 커피를 한 잔 먼저 마신다고 했다. 이렇게 입안에 쓴맛이 약간 돌게 한 후 특유의 술맛을 찾기 위한 작업에 돌입한다.

중요한 사실 한 가지가 있다. 와인의 블렌딩 역사는 200년이지만, 한국 전통주의 블렌딩 역사는 이보다 훨씬 오래됐다는 점이다. 쌀을 가공하는 방법의 혼합, 두 가지 이상의 다른 누룩의 혼합, 숙성 기간이 다른 증류 소주의 혼합, 그리고 맛이 다른 서너 가지 막걸리를 혼합해서 새로운 맛을 창조하는 한국 전통주의 블렌딩 역사는 기록상 600년이 넘었다.

막걸리가
싸구려라고요?

　와인과 수제맥주, 막걸리는 같은 발효주다. 똑같이 알코올 발효라는 과정을 통해 술이 된다. 주원료인 곡물이나 과일을 효모 등의 미생물로 발효시켜서 만든 술이 발효주라는 말이다. 이 외에도 벌꿀을 발효시켜 만드는 양조주인 벌꿀술(mead, 미드), 다육식물인 용설란의 수액을 채취해서 발효시킨 멕시코의 전통주인 풀케Pulque도 발효주다.

　일반인들을 대상으로 발효주인 전통주와 수제맥주 교육을 중점적으로 하다 보니 여기저기에서 교육 의뢰가 많은 편이다. 이런 교육 현장에서 느끼는 변화 중 하나는 요즘 발효주에 대한 관심이 수제맥주에서 막걸리로 옮겨 온 듯하다는 점이다.

　최근 몇 년간 경남북의 몇몇 지방자치단체에서 그 지역

주민들을 대상으로 하는 수제맥주 교육을 했다. 집에서 비교적 간단한 장비들을 이용해 맥주를 직접 만들고 발효시키는 교육이다. 수제맥주 양조에 관한 교육이지만 같은 발효주인 와인과 막걸리와 비교해 가면서 강의를 많이 하는 편이다. 자연스럽게 옛 문헌에 나오는 약주, 탁주에 관한 이야기도 하는데 최근 들어 막걸리에 대한 수강생들의 관심과 궁금증이 대폭 늘어났다. 맥주 교육 시간인데도 막걸리에 대한 질문이 더 많은 걸 보면 관심도가 어느 정도인지 알 수 있다.

맥주와 막걸리는 같은 발효주이지만 발효되는 과정은 조금 다르다. 맥주의 주재료는 보리(맥주용 보리는 두줄보리)의 싹을 틔운 후 말려놓은 몰트malt이다. 단술을 만들 때 사용하는 엿질금과 같다. 몰트는 65~68℃ 정도의 물속에 한 시간 정도 담가 당화를 시킨다. 당화는 전분 분해 효소가 보리의 전분을 당으로 분해하는 과정이다. 그런 다음 여기에 효모를 넣어 주면 효모가 당을 소비하고 알코올을 만들어 낸다. 반드시 당화가 먼저 일어나고 알코올 발효가 뒤따라 일어난다.

반면 막걸리는 좀 더 복잡하다. 전통 누룩 속에는 전분 분해 효소와 효모가 함께 들어 있다. 쌀의 전분을 분해하는 당화와 알코올 발효가 동시에 일어난다. 그래서 당화와 발효가 순

차적으로 진행되는 맥주의 경우는 단행복발효라 하고, 당화와 발효가 동시에 일어나는 막걸리는 병행복발효라 한다.

발효의 과정을 이렇게 길게 설명하는 이유는 막걸리를 만드는 과정이 결코 쉬운 일이 아니라는 걸 강조하고 싶어서다. 요즘도 주변에서 막걸리 만드는 사람을 많이 접한다. 집에서 만들어 마시는 사람들이다. 사람들은 대부분 막걸리 빚는 걸 쉽게 여긴다. 어릴 때부터 어머니, 할머니 혹은 아버지가 술 담그는 모습을 늘 봐왔기 때문이다.

하지만 막걸리는 절대로 쉽지 않은 술이다. 맥주 만드는 과정보다 막걸리 만드는 과정이 훨씬 까다롭다. 맛이나 향을 제대로 내기 어렵다는 뜻이다. 막걸리가 매력 있는 이유는 정성을 들여 제대로 만든 술에서 과일 향도 나고 꽃 향도 나기 때문이다.

실제로 막걸리 교육 중에 수강생들이 빚은 단양주에서도 과일 향이 난다. 가끔 교육원을 방문하는 몇몇 사람들에게 5일 정도 발효하고 걸러 낸 막걸리(단양주)를 시음해 보라고 권한다. 그러면 그중 절반 정도는 술에 매실을 넣었느냐고 질문한다. 쌀과 물, 누룩만 사용해서 빚었다고 하면 놀란다. 막걸리가 이렇게 맛있는 술인지 몰랐다고 한다.

발효 과정만 보더라도 막걸리가 단발효인 와인이나 단행복발효인 맥주보다 더 복잡하고 까다롭다. 맛을 내기가 더 어렵다는 말이기도 하다. 제대로 빚은 이양주와 삼양주는 와인과 비교해도 손색없는 맛과 향을 낸다.

전통주 교육을 하면서 느끼는 변화 중 또 하나는 증류 소주에 대한 관심이 늘어났다는 것이다. 전통주를 배우려는 20~30대는 막걸리보다 증류주 양조장 창업에 더 관심이 많다.

맥주를 증류한 게 위스키다. 막걸리를 증류하면 소주다. 몇 년 전부터 젊은 층에선 위스키가 인기였고, 요즘까지 이어지고 있다. 위스키의 인기가 증류 소주로 이어질 날이 곧 올 것이다. 단순 비교가 말이 되지 않겠지만, 잘 빚은 막걸리의 맛이나 향이 맥주보다 뒤질 리 없다.

좋은 막걸리는
내게 맞는 막걸리다

전통주 인문학뿐 아니라 가끔 맥주 인문학 강의 의뢰가 들어온다. 강의 첫머리에 청중들에게 늘 하는 질문이 있다. "세상에서 가장 맛있는 맥주는?" 정답부터 말하자면 '남이 사주는 맥주'다. 그런데 다른 사람이 사주는 맥주보다 맛있는 맥주가 있다. 바로 '내가 직접 만들어 마시는 맥주'다. 짐작되겠지만 내가 만든 맥주보다 더 맛있는 맥주도 있다. '내가 직접 만들어서 친구와 함께 마시는 맥주'다.

술이란 게 이렇다. 아무리 비싸고 유명한 브랜드의 술이라도 혼자서는 그만한 맛을 느끼지 못한다. 아무리 혼술이 유행이라지만, 다른 사람과 잔을 부딪치지 않고 마시는 술이 맛있을 리 없다.

전통주도 마찬가지일 터다. 가끔 맛있는 막걸리를 추천해 달라는 말을 듣는다. 결론부터 이야기하자면, 개인 취향에 따라 맛있는 막걸리는 다를 수밖에 없다. 개인마다 맛있는 맥주가 다 다르듯이 좋아하는 막걸리도 다르다. 그래서 맛있는 막걸리는 추천해 줄 수 없지만, 독특하고 개성 있는 막걸리는 추천해 줄 수 있다고 대답한다.

예를 들어 전통술 담그기 무형문화재가 직접 빚은 '송명섭 막걸리'는 호불호가 명확한 술이다. 단맛이 없을뿐더러 신맛조차 거의 없다. 이 술을 처음 접한 사람들은 간혹 반품을 요구하기도 한다. 이때까지 마셔왔던 다른 막걸리처럼 아스파탐 등의 화학첨가물이 들어가고 단맛과 신맛이 강한 막걸리와 비교하면, 아무것도 없는 '무無맛'이어서 잘못 만들어진 술로 착각해서다. 하지만 마니아들은 국내 최고의 막걸리로 손꼽는다. 마시고 나면 입안을 개운하게 해준다는 이유에서다.

막걸리도 맛을 볼 때는 단맛과 신맛, 쓴맛의 균형을 살핀다. 세 가지 맛 중 어느 하나가 튀면 맛의 균형이 무너진다. 요즘은 막걸리의 향을 중요시한다. 잘 빚은 막걸리는 과일 향과 꽃 향이 나기 때문이다. 여기에 세부적으로 탄산이 있고 없고의 문제, 걸쭉한 단맛이냐 담백한 단맛이냐의 문제, 알코올 향 강약의 문제 등을 따진다. 여기에서 개인의 취향 차이가 드러

난다. 대체적으로 여성과 젊은 층은 단맛을 좋아하고, 나이가 많을수록, 술을 좋아할수록 드라이한 맛을 좋아한다.

막걸리를 마실 때는 흔들어 탁주로 마시는 게 좋은지, 맑은 청주 부분만 따라 마시는 게 좋은지도 흔히 듣는 질문이다. 이것 역시 취향의 문제다. 맑은 부분만 마시면 목 넘김이 깔끔하지만, 막걸리를 마실 때의 약간은 거친 목 넘김이나 입안의 질감을 중요시한다면 흔들어서 탁주로 마시는 게 좋다.

개인적으로 맥주는 신맛이 강한 사우어 맥주Sour Beer를 좋아한다. 막걸리는 조금 단맛이 있는 걸 좋아하는 편이다. 주변의 술꾼들은 단맛이 나는 막걸리를 꺼려서 요즘은 각자 마실 막걸리를 따로 주문하기도 한다.

꼭 비싼 술이 맛있는 것도 아니다. 막걸리를 마실 때 최우선으로 고려해야 하는 게 가격이 아니란 말이다. 하긴 요즘엔 한 병에 10만 원이 훌쩍 넘는 막걸리도 많이 출시되고 있다. 이미 유명해진 막걸리이지만 내 입에 딱 맞는 술은 아니다.

세상에서 가장 맛있는 막걸리는? 남이 사주는 막걸리가 아니다. 쌀과 물, 누룩만 사용해서 내가 직접 빚어서 친구와 같이 마시는 막걸리가 제일 맛있다. 요즘 막걸리 교육기관이 성업이다. 기초 이론에서부터 다양한 술 빚는 방법을 익힌 후

나에게 가장 잘 맞는 방법으로 술을 빚어 주변 사람들과 함께 즐겨 보자. 막걸리를 맛있게 마시는 확실한 방법이다.

외국인 막걸리 체험,
함부로 하면 안 되는 이유

어느 도시의 축제 담당자로부터 도심 축제 기간 중 외국인들을 대상으로 하는 막걸리 체험 프로그램을 진행해 달라는 제의를 받은 적이 있다. 축제 기간 중 그 도시를 찾는 50명 정도의 외국인을 대상으로 막걸리 빚기 체험을 주관해 달라는 것이었다.

적지 않은 인원에 외국인 대상 막걸리 빚기 체험이라 재미있을 것 같은 제안이었지만 '할 수 없다'고 바로 거절했다. 물론 고두밥과 누룩을 미리 준비해 두고 단순히 이를 혼합한 후 용기에 담아 가져가게 할 수는 있었다. 하지만 아무리 빨라도 최소한 5일 이상의 발효 시간이 필요한 데다가, 그들 숙소에서 발효를 시키면 온도가 일정하지 않아 술의 품질이 저하될 것이라 우려되었다(설사 외국인들이 정상적으로 발효를 했다 하더라도 기내에 반입하지 못하는 등의 문제도 남는다).

사실 준비 안 된 막걸리 빚기 체험은 굉장히 위험하다. 외국인들이 이렇게 쉽게 만들어 제대로 맛을 내지 못한 막걸리를 한국을 대표하는 전통주로 인식할 수 있어서다. 이제 겨우 K-푸드와 함께 세계 시장을 노크하고 있는 한국 전통주에는 상당한 마이너스다. 더구나 술 빚기를 하려는 외국인들이 그 나라의 오피니언 리더들이니 이런 식의 술 빚기 체험은 역효과가 날 게 뻔했다.

이런 문제들 때문에 역제안을 했던 게 외국인들 대상 전통주 소개와 시음이었다. 한국 전통주의 역사나 술에 얽힌 이야기들, 같은 발효주인 한국 전통주와 와인·맥주와의 비교, 전통 소주와 위스키의 역사 등의 이야기와 대표적인 전통주 몇 종류를 시음하는 것이었다.

다행히 시음을 할 만한 전통주 몇 종을 빚어 보관하고 있던 터라 한국 전통주의 우수성을 충분히 증명할 만도 했다. 하지만 여러 이유들 때문에 이 제안은 거절당했다. 대신 축제 담당자는 그 외국인들을 대상으로 침출주 빚기 체험을 한다고 했다.

침출주는 담금주다. 약재 등의 재료를 알코올 도수가 높은 술에 담가 그 재료가 가지고 있는 맛과 향, 또는 약성을 우려내 마시는 술이다. 하지만 와인이나 맥주에 못지않은 맛과 향을 가지고 있는 전통주 대신 발효 과정도 거치지 않는 침출주 담그기를 전통주 빚기 체험이라고 할 수 있을까, 그들이 담금주를 한국을 대표하는 술로 인식하는 게 아닐까 하는 의문은 여전하다.

흔히 '투수들의 무덤'으로 알고 있는 미국 프로야구팀 콜로라도 로키스의 홈구장 쿠어스 필드Coors Field가 있는 도시가 콜로라도 주도인 덴버Denver다. 덴버는 맥주의 도시로 유명하다. 시내권 인구 71만 명, 광역 도시권으로 확대하면 296만 명인 덴버에 자리 잡은 맥주 양조장은 무려 158곳(2018년 기준)으로 미국에서 맥주 양조장이 많기로 두 번째인 도시다(1위는 시카고로 대도시권의 양조장 수가 총 167개다).

덴버에는 인기 있는 여행 테마인 비어 트레일Beer Trail이 있다. 시내에 자리 잡은 35개 양조장과 수십 개의 펍을 권역별로 나누어 4개 관광 코스로 만들었다. 당연히 덴버를 방문한 여행객들이라면 비어 트레일을 따라가는 일정을 잡는다.

150개 넘는 양조장에서 맥주를 생산하고 있는 미국 캘리포니아 샌디에이고도 수제맥주 도시다. 오래전이지만 뉴욕타

임스가 샌디에이고를 '최고의 수제맥주 여행지'로 선정하기도 했다. 시애틀과 로스앤젤레스도 맥주라면 빠지지 않는 도시다. 그래서인지 수년 전부터 미국을 방문하는 한국인들은 그들이 머무르는 도시에서 꼭 한 번씩 가보는 곳이 있다. 그곳에 있는 맥주 양조장이다. 이는 방문하는 곳의 사진을 찍어 올리는 SNS에서도 확인할 수 있다. 여행지 도시의 맥주 양조장을 들러 맥주를 마셔보고 인증샷을 올린 게 부쩍 많아졌는데 요즘까지 이런 경향은 이어지고 있다.

그럼 한국을 방문하는 외국인들의 최고 관심사는 무엇일까. 외국인들이 한국을 찾는 중요 관심사 중 하나는 한국 문화 체험이다. 전통시장 투어나 템플스테이 등 기존에 인기 있었던 체험 외에도 요즘 핫한 게 막걸리 양조장 투어와 막걸리 빚기 체험이다. 그들을 대상으로 하는 막걸리 빚기 체험을 좀 더 정교하게 다듬을 필요가 있다.

따뜻하게 데워 마시는
우리 술도 있다

　11월이 지나고 겨울이 시작될 즈음 추위는 몸도 마음도 움츠리게 만든다. 그렇다고 술을 마시는 사람들이 술 마시기를 포기하랴. 날씨가 추워지면 문득 그리워지는 술이 있다. 히레사케다. 구운 복어의 지느러미를 넣어 따끈하게 데운 정종은 잔을 잡은 손에서부터 목구멍을 지나 온몸으로 온기를 전해 준다.
　그래선지 추운 날, 데워서 마시는 술은 흔히 정종이나 뱅쇼를 떠올린다. 하지만 전통적으로 우리 술도 데워서 마시는 게 따로 있었다. 따뜻하게 마시는 우리 술이 사케나 뱅쇼에서 유래한 게 아니라는 말이다. 실제로 술을 데워 마시거나 끓여서 뜨겁게 마셨다는 기록은 고문헌에 많이 남아있다.
　대표적인 것이 고려 시대부터 널리 알려진 술인 자주煮酒

이다. 삶을 자煮를 쓰는 자주는 청주에 대추, 잣, 계피, 통후추, 황밀(꿀) 등을 넣고 중탕하여 마시는데 맛이 달고 고소한 것이 특징이다. 이 술을 만드는 법은 『산가요록』, 『고사촬요』, 『주방문』, 『산림경제』, 『주찬』, 『역주방문』 등에 수록되어 있다.

1506년 음력 9월~1544년 음력 12월까지 조선 중종 시대의 사실을 기록한 실록인 중종실록에는 추운 날씨에 근무하는 군사에게 술을 데운 자주를 주어 추위를 막는 데 도움을 주기도 했다는 기록이 남아 있다. 또 『조선왕조실록』 세종 17년(1435) 1월 기록에도 '조석 상식과 음복에 데운 술을 쓰게 하다'고 했다.

끓여 마시는 술로 모주母酒를 빼놓을 수 없다. 보통 해장국과 함께 해장술로 많이 마시는 모주는 발효가 끝난 술을 거르고 남은 술지게미(없으면 막걸리를 쓴다)에 대추, 생강, 갈근, 감초, 꿀 등 10여 가지의 약재를 넣고 한 번 끓여낸 음료다. 일단 한 번 끓였기 때문에 알코올 함유량은 거의 없는 상태다.

약재를 넣고 끓여서 알코올을 날리고 따뜻하게 마신다는 점에서 비슷한 술로 도소주屠蘇酒가 있다. '사악한 기운을 몰아내는 술'로서 새해 첫날 맑은술에 여러 약재를 넣고 한 번 끓여내어 마셨다. 도소주를 마시면 1년 내내 악귀를 쫓고 나쁜 기운을 없애준다고 믿었다.

요즘은 웬만한 술은 냉장고에서 꺼내서 차게 마신다. 맥주도, 와인도, 막걸리뿐 아니라 증류 소주도 그렇게 한다. 좋은 방법은 아니다. 술의 온도가 너무 차가우면 그 술의 향을 제대로 음미하지 못한다. 술맛도 날카롭다.

맥주를 예로 들어보자. 비교적 알코올 도수가 10%~14%로 높고 단맛이 강한 임페리얼 스타우트는 온도가 15℃ 정도일 때 마셔야 향과 맛을 제대로 느낄 수 있다. 차가울 땐 맥주의 향을 전혀 알 수 없을뿐더러 맛이 날카로운데, 온도가 올라갈수록 향이 살아나고 맛도 부드러워진다. 냉장고에서 금방 꺼내서 마실 때와 한 시간쯤 지나고 맥주 자체의 온도가 올라갔을 때 맛과 향은 천지차이다.

우리 술도 마찬가지다. 알코올 도수가 높은 증류식 소주의 경우는 술의 온도가 상온에 가까울 정도로 해서 마시는 게 좋다. 그래야 높은 도수에서 나오는 날카로운 알코올 향을 부드럽게 느낄 수 있다. 아직도 나이가 지긋하신 어른들은 밥을 담은 식기의 뚜껑에 증류 소주를 따라 마시던 추억을 가끔 이야기한다. 뜨거운 밥을 담았던 식기의 뚜껑에 차가운 소주를 부으면 적당하게 따뜻한 상태로 온도가 올라가 소주의 향과 맛이 확 살아나게 된다.

　따뜻하게 데워진 술은 맛과 향이 좋아질뿐더러 추운 날 혈액순환을 도와 체온을 올려주기도 한다. 자주, 모주, 도소주만 따뜻하게 마시는 술은 아니다. 다른 한국 전통주도 너무 차게 마시는 것보다 온도를 조금 올려서 마시면 향이 훨씬 더 살아난다.

차례상, 제사상에 어떤 술을 올리나요?

"설이나 추석 차례상에 어떤 술을 올리나요?"

명절이 가까워지면 늘 듣는 질문이다. 차례상에 올리는 차례주酒로 도대체 어떤 술을 올려야 할지 고민된다는 말이다. 청주도 있고, 약주도 있고, 탁주도 있는데 여기저기 물어봐도 집안마다 다 다르다는 것만 확인할 수 있을 정도다. 그렇다면 차례주로는 어떤 술을 써야 할까. 제사상에는 어떤 술을 사용할까.

조선 시대 왕실 제사 가운데 가장 큰 규모의 제사인 종묘제례에선 다양한 술을 제주로 쓴다. 초헌엔 막걸리, 아헌엔 동동주, 종헌에는 맑은술인 청주를 쓴다(주세법상 청주와는 다르다). 종묘제례는 일반 가정집 제사와는 다르다. 제사 때 올리는 축문祝文에서 유추해 볼 수 있겠다. 유 세차維 歲次로 시작하는 축문은 상향尙饗으로 끝나기 전에 근이청작謹以淸酌이라는 문구를 쓴다. '삼가 맑은술(청주)을 올린다' 는 뜻이다. 이처럼 예부터 제주로는 맑은술인 청주를 쓰는 게 일반적이었다. 명절 차례주라고 해서 크게 다르지 않았을 듯하다.

청주는 술을 빚기 시작해 100일 이상 오랜 시간을 들여 발효와 숙성을 거친 후 용수(맑은술을 거르는 도구)를 박아 떠낸 맑은 술이다. 막걸리는 청주를 떠내고 나머지를 걸러 낸 술이다. 전통적인 의미의 청주는 쌀, 물, 누룩만으로 빚지만 맛과 향이 뛰어난 고급술이자 우리 고유의 술이다. 조상들에게 바치는 차례주이니 고급술을 사용하는 게 당연했다.

예전엔 축문이나 종묘제례에서 보듯이 제주나 차례주로 청작淸酌, 즉 맑은술을 따르는 것이 일반적이었다. 하지만 명절에 사용하는 차례주는 정성껏 준비하면 되지, 탁주면 어떻고 청주(맑은술)면 어떨까. 아직까지 경상도 일부 지역이나 혹은 집안에 따라 탁주를 차례주로 올리는 풍습이 남아 있는 걸 보면 어떤 술을 쓰는지는 중요한 문제가 아닌 것 같다.

다만, 조상들을 모시는 차례주로는 한국 전통주를 사용하는 게 마땅하지 않을까. 전통 누룩과 우리나라에서 생산되는 농산물로 대대로 전해져 내려오는 전통적인 방식으로 빚어낸 순수한 발효주 말이다. 그렇지만 주세법 문제로 아직까지도 일본식 청주를 고급 전통주로 알고 차례주로 쓰고 있는 사람들이 많아 아쉬울 뿐이다.

정종正宗 이야기다. 일본식 발음으로 '마사무네' 인 정종은 원래 일본의 사케 브랜드이다. 일제강점기 초부터 전통적으로 고급술이었던 청주의 이름을 꿰차고 차례상에까지 오르게 된 것이다. 차례주로 일본 사케를 쓴다는 것 자체가 어불성설이다. 대대로 선조들이 마시고 즐겼던 한국 전통주를 올리는 게 도리 아닌가.

다행히도 지역 곳곳마다 전통주 양조장이 많이 생겼다. 이들 양조장에서 그 지역의 농산물을 사용해서 전통적인 방법으로 많은 술을 빚고 있다. 차례주로 딱 맞는 술이다. 맑은술 청주이든, 탁주이든 상관없다. 다만, 주세법상 맑은술은 약주로 분류되고 라벨에도 약주로 표시되니 참고할 일이다.

이젠 워낙 맛과 향이 뛰어난 한국 전통주들이 쏟아져 나오고 있다. 이들 술을 차례주로 사용할 때다. 우리 술 청주의 이름을 되찾는 가장 확실한 방법이기도 하다.

포도주도 500년 역사의
한국 전통주다

"포도주는 와인이다." 이 말은 맞는 말일까? 아니다. 틀린 말이다. 포도주도 한국 전통주다. 그것도 500년이 넘는 역사를 가진 전통주다. 현재까지 전해지고 있는 여러 고문헌에도 포도주 제조법이 등장한다. 다만 유럽의 와인과는 달리 포도와 누룩, 쌀을 함께 발효시킨 술이었다.

'한국술 고문헌 DB'를 통해 포도주의 역사를 되짚어 보자. 고문헌을 보면 포도주는 1500년대 이전부터 빚어 온 전통주다. 1540년 김유가 지은 『수운잡방』에 두 가지 포도주 제조법이 기록되어 있는 걸 보면 실제로는 훨씬 그 이전부터 다양한 방법으로 포도주를 빚어 왔던 것으로 추측할 수 있다.

『수운잡방』에는 두 가지 포도주 제조법이 나온다. 먼저 "백미 서 말을 여러 번 씻어서 곱게 가루를 내고 죽을 쑨다. 죽이 식으면 누룩 가루 일곱 되를 죽에 섞어 항아리에 담아 익힌다. 술이 익으면 백미 다섯 말을 여러 번 씻어 충분히 찌고 식으면 누룩 세 되, 포도 가루 한 말을 먼저 빚은 술과 섞어 항아리에 담아 둔다."고 기록되어 있다.

다른 한 가지 방법은 포도즙을 이용하는 방법으로 "포도를 짓이겨 놓고 찹쌀 다섯 되로 죽을 쑨다. 죽이 식으면 누룩 가루 다섯 홉을 함께 섞어 항아리에 넣고 맑게 익으면 사용한다."고 했다. 포도와 쌀을 혼합해서 빚는 것은 포도의 당도가 낮아서다. 술을 만들 때 필요한 당을 쌀에서 보완하는 방법이다.

『수운잡방』 이외에도 『산림경제』, 『증보산림경제』, 『임원십육지』, 『농정회요』, 『양주방』 등에 포도주 주방문이 남아 있다. 『동의보감』엔 "익은 포도를 손으로 비벼 즙을 짜서 찹쌀밥, 흰누룩白麴과 섞어 빚으면 저절로 술이 된다. 맛도 매우 좋다. 산포도山葡萄(머루)로도 된다."고 기록되어 있다.

고문헌 속 포도주를 빚는 방법을 정리해 보면 대략 다음과 같이 몇 가지 방법으로 나눌 수 있다. 누룩과 포도 가루를 넣고 잘 섞어서 항아리에 넣고 뚜껑을 덮어 익히는 방법(『향약집성방』), 포도즙과 찹쌀과 누룩 가루를 섞어 항아리에 넣고 익히는 방법(『수운잡방』, 『산림경제』, 『증보산림경제』), 포도를 오래도록 저장해 두면 저절로 술이 되는 자연발효로 빚는 방법(『임원경제지』, 『조선무쌍신식요리제법』)도 있었다.

이들 제조법이 기록된 고문헌보다 훨씬 전인 1404년, 고려 말 조선 초 이색李穡(1328~1396)의 시문집인 『목은집』에도 포도주가 등장한다.

> 영락없는 황금빛에 이슬방울은 함초롬/ 하늘이 특이한 맛에 달고 신 맛 섞어놨네/ 화려한 자리엔 날마다 포도주葡萄酒가 있건만/ 누추한 집엔 해마다 목숙의 쟁반이라오

그 이전인 고려 후기 문인 안축安軸(1282~1348)의 시가와 산문을 엮은 시문집인 『근재집』(1364년)에도 포도주는 등장한다 (안축은 경기체가 『관동별곡』과 『죽계별곡』을 지었다).

> 값비싼 한 말의 술은 아첨하기에 좋아/ 옛사람들은 귀인의 집안에 바쳤지/ 어리석고 졸렬한 산옹은 기교가 없어/ 헛되이 포도주 마시며 시골에서 늙어가네

『목은집』과 『근재집』에서 언급된 포도주 기록이 비록 제

조법은 아니지만, 우리나라 포도주의 역사가 오래되었다는 명백한 증거이기도 하다.

유럽의 와인은 포도만 짓이겨 발효시키는 자연발효 술이다. 위에서 언급한 『임원경제지』와 『조선무쌍신식요리제법』에 수록된 포도주 제조법은 이 방법을 따른 것이다. 포도 자체가 당糖이기 때문에 포도 껍질에 묻어 있는 효모가 이 당을 먹어 치우고 알코올을 만들어 낸다. 굳이 알코올을 만들어 내기 위해 당을 보완해 줄 필요가 없다.

『수운잡방』의 포도주 제조법은 자연발효법과는 다른 방식이다. 한국 전통주의 이양주를 빚는 방법 그대로 백미로 죽을 쑤고 누룩을 넣어 밑술을 빚고, 덧술할 때 포도 가루를 넣어 함께 발효하는 방법으로 토착화했다. 유럽의 과실주 제조 방법과 고유의 술 빚는 법을 결합한 독특한 제조법이다. 수백 년 전부터 빚어 왔던 포도를 이용한 술 제조법이 이렇게 고문헌 속에 고스란히 살아 있는 것이다. 그렇다면 이제 '한국에선 500~600년 전부터 와인을 만들어 마셨다'고 해도 결코 무리가 아니다.

토종쌀로 빚은 전통주에 대한 기대

- **귀도**: 8월 28일 꽃이 피고, 평북 귀성과 평남 진산이 고향이다. 찰진 맛이 으뜸이며 식감이 좋다.
- **노인다다기**: 하얀색 까락이 유난히 길어 논 풍경이 아름답다. 현미가 작고 동글동글하며 구수한 밥 향이 오래 남는다.
- **멧돼지찰**: 전남 장흥이 고향이다. 백미에 섞어 밥을 지으면 깊은 향과 찰기가 받쳐준다.
- **장삼도**: 강원도 정선이 고향이다. 단맛과 식감이 선명하고, 적당히 찰지면서 물리지 않는 그윽한 맛이 난다.
- **북흑조**: 평안남도가 고향이다. 은은한 향에 밥 한술에도 든든한 포만감이 느껴진다.

최근 시작된 토종쌀 구독서비스에 포함된 토종쌀 다섯 품종에 대한 설명이다. '월간 토종쌀'이란 이름의 토종쌀 구독서비스는 경기도 고양시에 자리 잡은 농업회사법인 ㈜우보농장에서 진행한다. 우보농장은 2011년부터 14년간에 걸쳐 복원한 토종쌀 450여 품종 가운데 60품종을 선정해서 매달 다섯 품종씩(각 품종별 1kg씩 총 5kg) 보내준다.

우보농장은 토종쌀 구독서비스 외에도 복원한 토종쌀을 소비하기 위한 다양한 노력을 해왔다. 주식용으로 밥쌀로서의 가능성을 타진하는 것은 물론 요리사와 다양한 품종별 요리를 시도하기도 했지만 토종쌀을 확대 보급하는 데는 한계가 있었다.

그래서 생각해 낸 아이디어가 토종쌀로 빚은 우리 술이다. 우보농장의 이근이 대표는 "현재 복원해 낸 토종벼 450여 종 가운데 쌀로 수확할 수 있는 품종은 108종 정도"라며 "이 품종들을 보다 많은 술 빚는 주모가 활용한다면 소비가 훨씬 늘어나고 보급도 빨라질 것"이라고 했다.

이를 위해 토종쌀 품종으로 막걸리를 빚어 보고 싶어 하는 사람들의 신청을 받아 토종쌀을 보내 주고 술을 빚어 출품하도록 계획했다. 올해 처음으로 시작한 '108주모 토종쌀 술 빚기 대회'이다.

주모酒母는 술이라는 생명을 잉태하는 사람, 즉 술의 어머니라는 뜻으로 쉽게 말하면 술을 빚는 사람을 말한다. 주모와 관련된 흥미 있는 통계가 있다. 1918년 조선총독부 통계연보에 따르면 1910년 전후에 일제가 조사한 가양주 제조면허자는 37만 5,757명이었다. 술을 빚는 주모가 37만 명이었다는 사실은 1천여 품종이 넘는 토종쌀로 전국에서 술을 빚었다는 말이기도 하다.

이를 뒷받침해 주는 자료도 있다. 국세청 기술연구소 백년사에 나와 있는 연도별 누룩 제조장 숫자를 보자. 자료에 따르면 1924년 누룩 제조장은 2만 8,206개소였다. 가양주를 빚는 숫자가 37만이었고 전국에 누룩 제조장이 2만 8천 곳이었다는 사실은 마을마다 누룩 제조장 한두 곳이 있었다는 말이기도 하다.

그러나 누룩 제조장은 이후 급격하게 줄어들었다. 조선총독부가 가양주에 세금을 물리기 위해 1916년 주세령을 실시하자 가양주 문화가 크게 위축되었기 때문이다. 누룩 제조장 숫자도 1930년에는 772개소로 급격하게 줄어들었다가 1933년에는 102곳으로 명맥만 유지하는 상태였다. 자연스럽게 술을 빚던 그 많은 토종쌀의 재배도 위축될 수밖에 없었다. 해방 이후엔 식량난 해결을 위해 대량 생산이 가능한 품종 위주로 농사를 짓다 보니 자연스럽게 토종쌀은 사라져 갔다.

그래서 108명에게 복원해 낸 108품종의 토종쌀을 보내어 술을 빚게 해 술맛을 비교해 보는 '토종쌀 술 빚기 대회'는 그 자체로도 의미가 있는 행사다.

전통주라고 하면서 외국 수입쌀을 사용하는 양조장이 많은 현실에서 토종쌀로 빚은 술이 어느 정도 경쟁력이 있을지는 미지수다. 하지만 최근 쏟아져 나오는 한국 전통주의 특징이 맛과 향의 다양성이다. 품종이 다른 토종쌀로 각각 술을 빚으면 토종벼를 보전하는 것은 물론 특유의 맛과 향을 지닌 전통주를 개발할 수 있는 장점도 있다.

막걸리를 활용한 제품

막걸리가 달라졌다고 이야기하는 사람들이 많다. 맛과 향이 다양해졌고 가격대 또한 많이 넓어졌다. 재료와 공정이 변하고 프리미엄 막걸리가 등장하면서 이를 즐기는 연령대도 한층 젊어졌다. 막걸리를 즐기는 방법도 그만큼 다양해졌다. 찌꺼기인 술지게미를 활용한 다양한 제품들도 나오고, 이제는 막걸리를 원재료로 삼아 가공해서 만드는 새로운 제품까지 선보이고 있다.

전통주를 공부하다 보면 평소에는 잘 쓰지 않는 여러 가지 용어 때문에 헷갈리는 경우가 많다. 술지게미도 그중 하나다. 술지게미는 일반적으로 탁주를 거르고 남은 찌꺼기를 말하지만, 좀 더 세분화해서 이야기하기도 한다.

술을 빚은 후 발효가 끝나면 술을 걸러야 한다. 술을 걸러

내기 전에 술 단지에 용수를 박아 맑은술(청주)을 떠내고, 이렇게 맑은술을 얻은 후에 나머지를 곡물망에 넣어 짜낸다. 용수를 이용해서 맑은술을 떠내는 이유는 가장 맛있는 술을 얻기 위해서다. 바로 망에 넣어 강제로 짜내면 술 맛도 탁해지고 술 색깔도 진해지기 때문이다.

어쨌든 곡물망에 넣어 술을 짜내면 탁주가 나온다. 망에 남아 있는 찌꺼기는 술재강 혹은 조박糟粕 등으로 부른다. 하지만 술을 짜내더라도 재강에는 여전히 알코올이 많이 남아 있다. 여기에 물을 섞어 한 번 더 짜내는 술이 막걸리이다. 그렇기 때문에 막걸리는 알코올 도수가 낮고 맛과 향도 조금 떨어질 수밖에 없다.

지금 막, 금방 걸러 낸 술을 막걸리라고도 한다. 그래서 신선한 술이라는 의미도 있다. 요즘은 막걸리가 익은 술을 걸러내고 물을 타서 한 번 더 걸러 낸 술이라는 의미보다 금방 걸러 낸 신선한 술이라는 의미로 더 많이 쓰인다.

이렇게 술을 거르고 남은 찌꺼기를 술지게미 또는 주박酒粕이라고 부른다. 쌀을 주원료로 사용해서 술을 빚었기에 술지게미에는 약간의 칼로리도 포함되어 있다. 먹을 것이 풍족하지 않았던 1960~1970년대까지만 하더라도 아이들까지 술지게미에 인공감미료인 사카린을 넣어 먹기도 했다.

요즘도 술지게미를 다양하게 사용한다. 술지게미를 가장 효과적으로 활용하는 방법은 모주를 만드는 것이다. 술지게미로 술빵 같은 디저트를 만들어 내기도 한다. 단순하게 술을 걸러 낸 찌꺼기라고 표현하기에는 술지게미에는 너무 많은 영양이 들어 있어서다. 여기엔 쌀과 누룩, 효모뿐 아니라 비타민, 미네랄, 식이섬유 등이 농축되어 있는 것이다. 술지게미로 수제 캐러멜을 만들거나, 술지게미에 설탕과 소금을 추가하고 여기에 오이나 무를 박아 넣어 맛이 들면 꺼내서 먹기도 한다.

식용으로만 쓰이는 것도 아니다. 술지게미로 만든 비누와 뷰티 제품까지 등장한 걸 보면 활용도가 뛰어난 재료임을 알 수 있다. 전통주 교육을 하다 보면 수강생 중 몇몇은 비누를 만든다며 일부러 술지게미를 모아 가져가기도 한다. 때로는 술지게미를 얻어 가서 술빵을 만들기 위해 수시로 교육원 문을 두드리는 이웃들까지도 있을 정도다.

술지게미 활용법뿐 아니라 막걸리를 즐기는 방법 또한 다양해졌다. 막걸리에 생크림과 설탕을 넣고 쫀득하게 막걸리 잼을 만들기도 하고, 지금은 생산하지 않지만 한때 막걸리 마카롱을 만들어 판매하기도 했다. 이뿐만이 아니다. 이제 여름이면 막걸리로 만든 슬러시와 막걸리 아이스크림까지도 쉽게 구할 수 있을 정도가 됐다.

    술지게미이든 막걸리이든 활용법이 다양해진다는 것은 그만큼 막걸리가 인기 있다는 말일 테다. 좀 더 다양한 활용법이 쏟아지길 기대한다.